아버지의 마음

아버지의 마음

서 창 권 지음

도서
출판 신교횃불

추천사

복음의 역사(役事)를 기록으로

서창권 목사님의 저서 출판을 축하합니다.

서 목사님은 제 고향의 동역자이십니다. 제 선친이 첫 목회지로 시무하신 교회가 평안북도 철산에 있는 영동교회입니다. 한국교회사에 남아있는 훌륭한 교회입니다. 철산은 제가 태어나 어린 시절을 보낸 곳이기도 합니다. 서 목사님의 조부는 그 교회의 첫 번째 장로로 교회를 위해 헌신적으로 봉사하셨던 서달성 장로님이십니다. 이와 같은 훌륭한 믿음의 가문에서 성장하신 서 목사님께서 복음 사명을 이국에까지 가서서 감당하시는 중 개 교회의 목회를 감당하실 뿐 아니라 복음 선교에 지대하신 관심으로 친히 선교여행도 많이 하심을 보았습니다. 또한 한국 선교의 안디옥과 같은 시카고에서 목회하시면서 4년에 한 번씩 열리는 KWMC 한인세계선교대회를 위해 대회 임원으로서 많은 수고를 하고 계십니다. 그 외에도 GP선교회를 비롯한 여러

선교단체의 이사로서 중임을 잘 감당하심을 감격스럽게 보고 있던 중이었습니다.

본서를 통하여 지난 과거 10년 동안 그가 강단에서 구술(口述)해 온 복음의 역사(役事)를 이제 문자화하여 기록에 남기게 되었습니다. 구술의 전함은 공간적으로 시간적으로 제한을 받게 되지만, 이를 문자화한 메시지는 시간과 공간의 제한이 없이 우주에 또 오고 오는 세대까지 전할 수 있는 수단이 됩니다. 그 영향이 크게 전해질 것을 내다보면서, 많은 심령의 부흥을 일으킬 뿐 아니라, 많은 심령을 주께로 인도하실 것이기에 주님 다시 오시는 날 그의 영광 그의 자랑의 면류관이 되어질 것이 내다보입니다.

이에 본국에서 이 소식을 들으면서 해외에 나가서 역사하시는 목사님의 그 쾌거를 찬하하며, 한국 교계의 한 문화재가 생겼다 생각하여 흐뭇함을 느끼면서 그 출판에 한 자를 첨가하는 기쁨을 가집니다.

방지일 목사
영등포교회 원로목사
전 대한예수교장로회(통합) 총회장

추천사

서창권 목사 사역 10주년 기념 설교집 발간을 기하여

먼저 서창권 목사님이 이곳 필라델피아를 떠나 시카고에 가서 목회한 지가 벌써 10년이 되었다니 참으로 세월이 빠름을 느낍니다. 그 동안 시카고 한인교회에서 충성스럽게 꾸준히 성공적인 목회를 하여 주심을 하나님께 감사 드리고 영광 돌립니다. 또한 목회 사역 10년을 맞이 하여 설교집을 발간하게 되어 더욱 축하하는 바입니다.

서창권 목사님은 고려대학을 마치고 한국에서 군인 복무와 사회 경력을 가진 후 하나님이 부르신 바 사명을 따라 이곳 필라델피아 근교에 있는 Biblical Theological Seminary에 공부하기 위하여 와서 제가 시무하는 임마누엘 교회에 출석하게 되었습니다. 그리하여 목사로 안수받고 본 교회에 부목사가 되기까지 도합 8년을, 마치 디모데가 바울을 섬기어 주의 복음 전도에 충성하듯이 충성된 삶을 산 귀한 목사님입니다. 돌이켜 볼 때 그런 충성된 이가 우리 교회에 와서 저를 도와 함께 사역하였다는 것은 하나님께 참으로 감사한 일입니다.

서 목사님은 기도하는 사람이 많은 가정적인 배경이 있습니다. 무엇보다도 그 어머니 신애인 권사님의 기도가 서 목사님을 키웠다고 생각됩니다. 조선이 일제치하에 압박이 점점 심하여 신사참배 우상숭배로 박해를 받고 있을 때, 그 외조부이신

신현창 장로님께서는 세브란스 의과 대학교 제1회 졸업생이셨습니다. 할아버지의 확고한 신앙은 신사 참배를 거부하고 살리고 도시를 떠나 평북 철산이라는 시골로 들어가서 농촌 계몽과 복음을 위하여 밀알이 되신 분이십니다.

모친 되시는 신애인 권사님은 신현창 장로님의 4 녀로서, 이러한 신앙을 이어 받아 서영철 장로님(29세에 장로 안수 받음)과 결혼하셔서 아들 넷을 두셨는데 서창권 목사님은 넷째 아들로 큰 형님과 함께 나란히 목사로 부름을 받으셨습니다. 사촌 형제들 가운데 목사가 여섯 분, 2대 서열에서 목사 두 분과 신학생 지망생들이 계속 줄을 서고 있습니다. 하나님께서는 서창권 목사님을 이러한 믿음의 어머니와 외조부의 믿음의 뿌리에서 나오게 하셨습니다. 그리하여 디모데처럼 충성스럽고 곧은 목회의 길을 걸어온 귀한 종이라 하겠습니다.

서 목사님은 성실하고 목자의 심장이 가득하며 또한 계속적으로 연구하며 성장하는 성품을 소유하고 있는 목회자입니다. 서 목사님은 복음을 위한 일이라면 언제나 사심 없이 다른 사람들과 협력하여 최선을 다하는 분입니다. 부목사의 일에도 그러하였기에 지금도 계속하여 하나님 앞에서 승리의 삶을 살고 있음을 믿습니다. 앞으로 더욱 성장하여 많은 목회자들에게 모범이 되는 귀한 삶을 사실 목사님이라고 저는 확신하며 여러분에게 이 책을 적극 추천합니다.

고인호 목사
필라델피아 임마누엘교회 원로목사
PCA (미국장로회) 한인 담당 Coordinator

추천사

설교자의 삶과 인격과
목회철학이 담긴 복음적인 설교

　매 주일마다 강단에서 선포되는 목회자의 설교는 한 주간 동안 군중 속에서 일어나는 다양한 사건들을 접하면서 경험되고 묵상한 말씀을 토대로 피눈물나는 기도와 연구를 통해서 얻어집니다. 그러므로 설교는 진주처럼 소중한 보배를 기다리는 갈한 영혼들에게 마른 땅에 내리는 소나기처럼 아낌없이 쏟아 붓는 것이라는 표현은 결코 지나친 말이 아니라고 생각됩니다.

　1620년 신앙의 자유를 찾아서 대서양을 건너 미지의 땅을 밟은 청교도들에게 소망을 심고 복음을 심었던 존 하바드(John Harvard), 요나단 에드워드(Jonathan Edward) 목사님과 같은 분들의 설교가 오늘의 미국을 이룬 밑거름이 된 것도 사실입니다. 목회자의 바른 설교는 민족의 얼을 길러내는 모판과 같기 때문입니다.

　저는 개인적으로 지난 15년 동안 교제해 왔던 서 목사님의 설교 속에는 단련된 그의 인격과 목회현장에서 검증된 목회철학과 설교자의 근본 내용인 복음이 들어있는 것을 찾아 볼 수 있었습니다. 그러나 더 소중한 것은 그 설교 뒤에 보이지 않는 목사님과 사모님의 간절한 기도와 성도들을 돌보는 순수한 사랑입니다. 하나님은 정직하고 충성된 자의 겸손히 섬기는 목회를 축복하시는 것입니다.

먼 훗날에 서창권 목사님의 목양 아래서 자라난 인재들이 미국과 한국과 세계에서 영향을 끼칠 때 그의 설교는 하늘의 별처럼 더욱 빛날 것입니다.

1972년 양치관 목사님과 30여 명의 성도들로 설립된 시카고한인교회가 1988년부터 2대 이성걸 목사님의 목회를 거쳐, 1998년에 3대 목사로 서창권 목사님이 부임하여 오늘에 이르기까지 자라온 발자취는 이민교회로서의 아름다운 본을 보여주는 교회부흥의 본보기라고 여겨집니다. 이는 분명히 서창권 목사님의 하나님 앞과 성도들 앞에서 정직하게 성도들을 말씀으로 목양한 결과라고 믿습니다.

본서는 바른 목회철학과 말씀으로 교회부흥을 바라며 참 주님의 제자로 양육 받기를 원하는 모든 분들에게 꼭 권하고 싶은 책입니다.

이원상 목사
와싱톤중앙장로교회 원로목사
SEED 선교회 국제대표
미주기아대책기구(KAFHI) 이사장

추천사

　서창권 목사님은 주님을 위해서라면 혼신을 다해 살아가는 신실한 종입니다.
　금번에 서 목사님께서 출간하신 「아버지의 마음」은 그의 삶을 소개하는 것 같아 생생함을 느낍니다.

　귀한 저서는, 내용 속에서도 만날 수 있지만 주님이라면 어떻게 하실까 하는 마음으로 만들어진 삶의 노래이며 감격입니다. 테마 별로 정해진 설교마다 선명한 주제와 감동이 잔잔하게 흐르고 있습니다.

　서 목사님은 세계 선교라는 큰 그림 위에 말씀의 잔치를 베풀었습니다. 그는 네팔에 있는 복음주의 장로교 신학교 이사장으로 섬기면서 가르침을 통해 섬기는 삶을 보여 주고 있습니다.

세계 무대 위에 펼쳐진 믿음으로 만들어진 설교를 함께 나누게 된 것을 축하드립니다. 함께 나누는 독자들은 영혼의 양식과 지성의 만남을 맛보게 될 것입니다. 모든 설교가 목회자에게는 좋은 자료가 될 것이며 평신도들에게는 더없는 보약이 될 것입니다.

수고의 결실이 없어도 섬김의 기쁨으로 사역하시는 서 목사님의 설교집은 만나는 모든 이에게 위로와 축복의 통로가 될 것입니다.

크리스챤이면 누구에게나 감동을 줄 책이기에 적극 추천하며 격려하는 바입니다.

신동우 목사
서울 산돌중앙교회 담임목사
KWMA 선교사 수련회장
전 대한신학교 선교학 교수

추천사

능력있는 설교를 지면에 옮기는 것은 총천연색 3-D 영화를 흑백화보로 만드는 것과도 같습니다. 듣는 이의 영혼을 터치하는 설교자의 사랑과 열정을 글로 전달하기란 거의 불가능하기 때문이지요.

그럼에도 서창권 목사님의 설교문을 읽으면서 감동을 느끼는 것은, 섬기는 교회와 성도들을 향한 목자의 마음이 그만큼 절실한 데서 오는 것이라 믿습니다.

저는 서 목사님 곁에서 7년간 동역하면서 그분의 설교에서 힘을 얻고 목회자의 마음을 배웠습니다. 새벽마다 성도들을 위해 기도하시고, "양들을 위해 목숨을 버리는 참된 목자가 되길 원합니다."라고 부르짖으며 말씀을 붙들고 씨름하시는 모습을 지켜보았습니다.

이 책에는 복음에 대한 확신과 성도를 향한 사랑, 그리고 깊은 묵상에 기초한 적실성을 두루 갖춘 훌륭한 설교문들이 실려 있습니다. 그러나 그 글들을 독자의 입장에서 읽는데 머물지 마시고, 목자의 마음으로 전하는 열정에 찬 메시지를, 그리고 그를 통해 말씀하시는 주님의 음성을 듣는 자리까지 나아가는 참된 복을 경험하시기 바랍니다.

이 책을 통해 기독교 신앙을 모르는 분들이 복음을 믿어 순종케 되고, 또한 성도들을 더 깊고 성숙한 믿음으로 이끄는 하나님의 역사가 나타날 줄 믿으며, 귀한 책을 허락하신 하나님께 감사를 드립니다.

유선명 목사
미시간 앤아버한인장로교회 담임목사
전 트리니티복음주의신학교 구약학교수

저자 서문

불혹의 나이 사십이 되던 해, 하나님께서 이민교회 담임목회를 허락하셨습니다. 충성되이 여겨주심이 감사해서 열심히 뛰었습니다. 앞만 보고 달리다 보니 순식간에 10년이 지났습니다. 그 10년의 세월을 정리해 보고 싶었습니다. 올바른 목표를 향해 달려왔는지, 똑바로 일을 했는지, 열매는 있었는지…

설교집을 내라는 몇 분의 권고가 있어 주일강단에서 행했던 500여 편의 설교를 살펴보았습니다. 전혀 의도하지 않았는데, 10개의 주제로 설교들이 모아졌습니다. 그 중에 괜찮은 설교들을 추렸습니다. 그랬더니 그 주제 중에 '하나님의 마음'이 담겨 있었습니다. 이 책 『아버지의 마음』은 이렇게 세상에 나오게 되었습니다.

저는 설교자로서 마틴 로이드 존스 목사님을 가장 존경합니다. 그 분을 닮고 싶습니다. 그 분은 설교의 최고 목표가 '하나님 의식과 하나님 임재의식을 부여하는 것'이라고 정의하셨습니다. 이 설교의 목표를 염두에 두고 올바른 설교를 하고자 애를 썼습니다. 제 10년 목회의 설교에 '하나님의 마음'이 담겨 있게 해주신 하나님께 감사와 영광을 올려 드립니다.

저는 행복한 목회자입니다. 누구나 힘들다고 하는 이민목회가 저는 기쁘고 즐겁습니다. 왜냐하면 우리 교회 성도님들이 기도와 사랑으로 저를 행복하게 만들어 주기 때문입니다.

광야 같은 세상입니다. 결코 혼자 살아갈 수 없는 인생입니다. 그래서 '모든 사람'이 어렵고 힘들게 살아가고 있습니다. '많은 사람'이 아니라 '모든 사람'이라는 점을 강조하고 싶습니다. 하나님은 '모든 사람'의 아버지가 되십니다. 이 책을 통해 아버지의 사랑과 위로를 넘치게 받으시길 원합니다.

하나님은 제게 '선교하는 교회'의 비전을 주셨습니다. 비전 따라 온 교회가 선교를 위해 최선을 다하고 있습니다. 우리는 교회당 건축 중에도 선교비를 줄이지 않고 오히려 늘렸습니다. 이 설교집도 선교를 위해 출판했습니다. 판권을 선교위원회에 맡겼고, 수익금은 전액 세계선교를 위해 사용될 것입니다.

한국교회의 큰 어른이신 방지일 목사님께서 써 주신 이 책의 추천서는 가보(家寶)처럼 여기겠습니다. 내년 만 100세를 앞두신 연세에도 불구하고 전 세계를 다니며 한국선교를 독려하시는 모습에 크나큰 도전을 받습니다. 부족한 저를 친손자처럼 사랑해 주시며 수시로 이메일로 격려해 주시는 방 목사님께 깊은 감사를 드리며, 목회에서 그분을 닮도록 더욱 정진하겠습니다. 아들처럼 돌봐주시고 제게 목회를 가르쳐 주신 고인호 목사님과 교단의 어른이시며 미주교계의 존경받는 지도자로서 저의 자상한 멘토가 되어 주신 이원상 목사님께 진심으로 감사드립니다. 두 분으로부터 이민목회를 배운 것이 지금 제 목회의 중심을 이루고 있는 것을 고백합니다. 또한 목회와 인생의 선배로서 많은 조언을 주시는 신동우 목사님께 진심으로 감사드립니다. 저와 7년간 동역하며 겸손과 섬김의 본을 보여주신 유선명 목사님께도 깊은 감사의 마음을 표합니다.

저의 첫 번째 책을 출간하는데 도움을 주신 많은 분들이 있습니다. 설교학 박사과정의 바쁜 중에도 박현신 목사는 10가지 주제를 잡고 설교문의 틀을 잡는데 많은 도움을 주셨습니다. 부목사로 저와 함께 동역하고 있는 이돈하 목사는 좋은 출판사를 연결시켜 주었고, 오랜 출판 경험에서 나오는 천금같은 조언을 해 주셨습니다. 본 교회 출판위원회는 여러 차례 회의를 통해 좋은 책이 나올 수 있도록 많은 노력을 기울여 주셨습니다. 출판위원들께 사랑의 빚을 졌습니다. 특히 김의창 팀장은 표지 사진 촬영 및 표지 디자인을 직접 해 주셨습니다. 교회 행정간사뿐 아니라 제 개인비서 역할을 탁월하게 감당하는 송은하 사모는 원고정리를 위해 수고해 주셨습니다. 저에게 동역의 기쁨을 주시고 출판을 위해 귀한 조언을 해 주신 장로님들과 부교역자님들께 감사드립니다. 훌륭한 책으로 나올 수 있도록 모든 수고를 아끼지 아니하신 선교횃불의 김수곤 사장님과 모든 직원 분들께 감사드립니다. 아빠가 가장 필요한 시기에 바쁜 목회 때문에 함께 해주지 못한 아빠를 이해해 주고, 희망이 되어준 선아, 진아, 바울에게 고마운 마음을 전합니다. 마지막으로 부족한 사람을 늘 믿어주고 목회에 전념할 수 있도록 자녀양육과 내조에 젊은 시절을 다 바친 사랑하는 아내에게 결혼 25주년 선물로 이 책을 바칩니다.

2009년 2월 1일
최초의 흑인대통령 버락 오바마를 배출한 시카고에서
서창권 목사

차례

추천사 | 방지일 • 4
추천사 | 고인호 • 6
추천사 | 이원상 • 9
추천사 | 신동우 • 11
추천사 | 유선명 • 13

아버지의 아픔
1. 인생의 마라를 만났을 때 | 21
2. 브솔시내의 낙오자 | 35
3. 인생의 시글락에서 | 47
4. 염려하지 말라 | 61

아버지의 위로
1. 엘리야의 탈진 | 77
2. 스트레스와 예수님 | 91
3. 너희 마음이 쉼을 얻으리라 | 103
4. 안식의 축복 | 117

아버지의 초대
1. 돈 없이 값 없이 | 131
2. 그리스도의 비밀 | 143
3. 좁은 문으로 들어가라 | 155
4. 신앙은 항상 긍정입니다. | 167

아버지의 동행
1. 생각하는 갈대 | 179
2. 어떤 이름을 남길 것인가 | 193
3. 부족함 없는 인생 | 205
4. 성숙한 대인관계 | 217

아버지의 선물
1. 아버지가 살아야 가정이 산다 | 227
2. 어머니의 위대한 힘 | 243
3. 모세가 받은 가정 교육 | 257
4. 이혼과 독신 | 271

아버지의 모성
1. 내 교회를 세우리라 | 287
2. 서로 의견이 다를 때 | 301
3. 교회다운 교회 | 315
4. 하나님이 기뻐하는 교회 | 327

1

인생의 마라(쓴 물)를 만났을 때

본문 : 출애굽기 15:22-27

아버지의 아픔

모세가 홍해에서 이스라엘을 인도하매 그들이 나와서 수르 광야로 들어가서 거기서 사흘길을 걸었으나 물을 얻지 못하고 마라에 이르렀더니 그 곳 물이 써서 마시지 못하겠으므로 그 이름을 마라라 하였더라 백성이 모세에게 원망하여 이르되 우리가 무엇을 마실까 하매 모세가 여호와에 부르짖었더니 여호와께서 그에게 한 나무를 가리키시니 그가 물에 던지니 물이 달게 되었더라 거기서 여호와께서 그들을 위하여 법도와 율례를 정하시고 그들을 시험하실새 이르시되 너희가 너희 하나님 나 여호와의 말을 들어 순종하고 내가 보기에 의를 행하며 내 계명에 귀를 기울이며 내 모든 규례를 지키면 내가 애굽 사람에게 내린 모든 질병 중 하나도 너희에게 내리지 아니하리니 나는 너희를 치료하는 여호와임이라 그들이 엘림에 이르니 거기에 물 샘 열둘과 종려나무 일흔 그루가 있는지라 거기서 그들이 그 물 곁에 장막을 치니라

출애굽기 15:22-27

01.
인생의 마라(쓴 물)를 만났을 때
출애굽기 15:22-27

인생의 쓴 맛을 보고 있습니까?

요즘 한국에서는 '사오정', '오륙도', '삼팔선' 이라는 말이 유행하고 있습니다. '사오정'은 45세 정년이고, '오륙도'는 56세까지 회사에서 일하고 있으면 도둑놈이라는 뜻이라고 합니다. 그런데 요즘은 정년이 38세로 내려가서 '삼팔선' 이라는 말까지 생겼다고 합니다.

경제가 어렵고 경쟁이 치열하다보니 언제 회사에서 해고될지 모르는 불안한 세상이 되었습니다. 경기가 침체되어 직장에서 해고되면 그대로 실업자가 되기 때문에 한창 가정에서 돈이 필요할 시기에 해고되는 것은 참으로 두려운 일이 아닐 수 없습니다. 건강하고 능력과 기술도 있는데, 자신의 의지와는 상관없이 더 이상 일하지 못하는 상황 속에 빠지게 된다면 그것만큼 괴롭고 또 자존심이 상하는 일도 없을 것입니다. 이렇게 어려운 상황에서 사업하시는 분들이라고 예외는 아닙니다. 거의 모든 사업이 그렇게 어려울 수가 없다고 합니다. 여기저기서 도산하고 문 닫는 일이 비일비재합니다. 미국에서 조사한 바에 의하면, 식당들 가운데 창업 후 5년까지 남아있는 식당은 불과 5%밖에 되지 않는다고 합니다. 100곳 가운데 5곳만 살아남는다는 말입니다. 이러니 다른 사업은 굳이 말하지 않더라도 힘들다는 것은 뻔합니다. 직장에서 해고되거나 사업에서 실패할 때, 우리는 인생의 실패자 또는 인생의 낙오자라는 패배의식을 가지게 되기 쉽습니다.

우리는 이와 같은 험한 세상을 살아가는 동안 성공보다는 실패를 경험하는 일이 더 많은 것 같습니다. 인생은 누구나 실패를 경험할 수밖에 없습니다. 우리는 인생의 쓴 맛을 경험하게 됩니다. 이런 일을 당했을 때 어떻게 해야 하겠습니까? 어떻게 실패를 성공으로 바꿀 수 있겠습니까? 본문을 중심으로 그 해답을 함께 찾아보겠습니다.

'마라'에서 불평하는 이스라엘 백성들

하나님께서 홍해를 갈라지게 하시는 기적을 베풀어 주셔서 애굽을 무사히 탈출한 이스라엘 백성들은 모세의 영도 아래 메마른 광야 길을 행진하기 시작하였습니다. 그들은 3일을 부지런히 걸어서 한 곳에 도착하였습니다. 그곳의 이름은 '마라' 라는 곳이었습니다. 3일 동안 물 한 방울 없고 먼지만 날리는 광야 길을 걸어서 도착했는데, 다행히 그곳에 물이 있었습니다. 사람들이 신나서 물을 퍼서 마셨는데, 물이 너무 짜고 써서 도저히 마실 수가 없었습니다. 왜 그 지역을 '마라' 라고 부르는지 그 이유를 알게 되었습니다. '마라' 라는 말은 '쓰다' 는 뜻입니다. 성서고고학자들의 연구에 의하면 이 지역의 물은 지금도 너무 짜서 쓴 맛이 난다고 합니다.

이스라엘 백성들의 원망

백성들이 모세에게 원망을 하기 시작했습니다(24절). 3일 길을 걸어와서 몸은 피곤하고 갈증이 심한데, 물이 써서 마실 수 없었기 때문입니다. 이들이 불평하고 원망한 것은 당연하였습니다. 이 원망은 출애굽 이후 이스라엘 백성들의 첫 번째 원망이었습니다. 역사적인 일이라고도 할 수 있겠습니다. 그 이후 이스라엘 백성들은 그 광야에서 수도 없이 불평과 원망을 반복하게 됩니다. 결국 이것 때문에 광야에서 다 멸망하고 맙니다. 이 원망이 역사적으로 첫 번째 것이기에 이 사건이 우리에게 주는 교훈은 크다고 할 수 있겠습니다.

모세의 해결책

이 사건은 이스라엘 백성들을 애굽에서 구출해 낸 모세가 광야에서 직면한 첫 번째 위기인 동시에 도전이었습니다. 사실 이것은 모세의 잘못도 아닙니다. 모세가 이 길을 미리 답사한 것도 아니고, 하나님께서 지시하신 대로 따라갔을 뿐입니다. 만약 모세가 물이 있는 곳을 알았다면 이 문제는 간단히 해결할 수 있었을 것입니다. 그러나 그렇지 못했습니다. 백성들은 점점 소리를 높여 모세를 욕하며 비난을 퍼부었습니다. 모세는 매우 다급했습니다. 모세는 하나님께 '부르짖었습니다' (25절). 이 단어는 큰 소리로 부르짖을 때 사용하는 말입니다. 간절하게 하나님께 도와달라고 소리 지르며 기도했습니다. 그랬더니 하나님께서 즉시 응답하셨습니다.

하나님께서 나무 하나를 가리키셨고 모세는 그 나무를 물에 던졌습니다. 그랬더니 그 물이 단 물로 변했습니다. 하나님의 기적으로 쓴 물이 단 물로 변한 것입니다. 그래서 백성들은 그 물을 마셨고 갈증을 해결할 수 있었습니다.

시험하시는 하나님

그런데 본문에서 우리의 관심을 끄는 부분은 25절 하반절부터 26절까지입니다. "모세가 여호와께 부르짖었더니 여호와께서 그에게 한 나무를 가리키시니 그가 물에 던지니 물이 달게 되었더라 거기서 여호와께서 그들을 위하여 법도와 율례를 정하시고 그들을 시험하실 새"(25절).

25절의 두 번째 문장인 "거기서 여호와께서 그들을 위하여 법도와 율례를 정하시고 그들을 시험하실 새"는 그 내용이 앞부분과 전혀 상관이 없는 말씀입니다. '마라'의 쓴 물을 단 물로 만들어 주신 기적과 이 구절은 아무 상관이 없어 보입니다. 그럼에도 불구하고 이 구절이 이곳에 있는 것은 분명히 하나님의 의도하시는 바가 있을 것입니다.

하나님은 마라에서 물이 쓰다고 불평하는 이스라엘 백성들이 마음에 들지 않았던 것이 분명합니다. 그래서 그들이 자신에게 순종하는지 불순종하는지를 시험하여, 궁극적으로 하나님께 순종하는 백성이 되게 하기 위해, 여기서 법도와 율례를 가르쳐 주신 것입니다.

26절에 그 시험의 내용, 즉 법도와 율례의 내용이 나와 있습니다. "이르시되 너희가 너희 하나님 나 여호와의 말을 들어 순종하고 내가 보기에 의를 행하며 내 계명에 귀를 기울이며 내 모든 규례를 지키면 내가 애굽 사람에게 내린 모든 질병 중 하나도 너희에게 내리지 아니하리니 나는 너희를 치료하는 여호와임이라."

하나님이 시험하실 때 시험의 목적을 간파해야 합니다.

26절에 기록된 법도와 율례의 내용을 한마디로 요약한다면, "하나님의 말씀에 순종하고 의를 행하는 것"입니다. 우리는 지금 이 시점이 이스라엘 백성들에게 십계명과 율법을 주시기 전이라는 사실을 주지해야 합니다. 아직까지는 이스라엘 공동체에 정식으로 기록된 율법이 없었다는 말입니다. 따라서 그때는 하나님께서 필요할 때마다 모세를 통해 당신의 말씀을 백성에게 전해 주심으로써 그들이 순종하기를 원하셨습니다. 하나님의 말씀을 기준으로 백성들이 순종하는지, 불순종하는지를 평가하고 시험하심으로써, 이스라엘 백성에게 하나님의 명령에 순종하며 살아가고 있는지를 알려주셨습니다. 더 나아가 그들이 주님께만 순종해야 하는 백성인 것을 확인시키고 입증시켜 주시기를 원하셨던 것입니다. 그러나 시험을 통해 하나님의 기대에 미달인 평가가 나왔을 때는 그들을 훈련시켜 하나님의 기대에 맞는 백성으로 변화시키고자 하셨던 것입니다. 따라서 우리는 시험에는 하나님의 특별한 목적이 있다는 사실을 알 수 있습니다.

성경에서 하나님은 '법으로 백성들을 시험하신다' 고 분명히 명시되어 있습니다. 여기서 '시험' 이란 말은 〈나싸〉라는 히브리어로서, 영어로는 'test', 'prove' 라는 뜻을 가지고 있습니다. 참고로 창세기 22장에서 하나님께서 아브라함에게 이삭을 번제(burnt offering)로 바치라는 명령을 통해 아브라함을 시험하셨는데(1절), 이때도 〈나싸〉라는 단어가 사용되고 있습니다. 하나님께서 아브라함을 시험하시거나, 백성들을 시험하실 때, 그 목적은 이들이 하나님을 경외하고 순종하는가 안하는가를 '테스트' 하는 것입니다. 그들이 순종하는 사람인 것을 '증명(prove)' 하시는 것입니다. 우리가 시험을 치를 때, 합격선이 있습니다. 70점이나 80점 등 일정 점수 이상을 맞아야 합격이 됩니다. 그러나 이스라엘 백성들은 쓴 물에 대해 원망함으로 불합격되었던 것입니다.

하지만 현대를 살아가는 우리들은 26절에 나타난 하나님의 시험의 목적을 살펴봄으로써, 우리가 위기에 처한 순간에 하나님께서 우리가 갖기를 원하시는 행동이 무엇인지를 배울 수 있습니다.

하나님의 시험에 합격하는 길

첫째, 하나님은 인생의 '마라'에서 순종하기를 원하십니다.

이스라엘 백성들이 3일 길을 행진하여 마라에 도착하였을 때, 이들은 원망하는 대신 하나님의 선하심을 바라보며 순종하였으면 좋았을 것입니다. 하나님은 이들을 사랑하셔서 애굽의 종살이와 압박에서 구출해 주셨습니다. 이들을 구하기 위해 애굽에 10가지 재앙을 내리셨습니다. 홍해를 건널 때는 기적적으로 바다를 갈라서 육지처럼 건너게 하셨고, 다 건넌 후에는 물이 다시 합쳐져서 뒤따라오는 애굽 군대를 전멸시켰습니다. 그때는 이런 하나님의 기적과 능력을 체험한지 불과 며칠밖에 되지 않았습니다. 그 장면들이 이들의 눈에 생생하게 남아있던 때였습니다. 하나님은 위기의 순간마다 이들에게 능력을 베풀어 주셨습니다. 한 번도 실망시킨 적이 없었으며 늘 신실하셨습니다. 그렇다면 이들은 하나님의 선하심을 기대하면서 기다리는 것이 마땅하지 않겠습니까? "이번에는 하나님께서 어떤 기적을 베풀어 주실까?" 이렇게 말하며 하나님의 도우심을 기대하는 것이 마땅하지 않겠습니까?

우리도 마찬가지입니다. 인생에서 쓰디쓴 실패나 좌절에 부딪쳤을 때, 원망하기 보다는 지금까지 우리의 길을 선하게 인도해 주신 하나님의 신실하심을 바라보며 기다려야 합니다.

둘째, 하나님은 '마라'에서 기도하기를 원하십니다.

하나님은 이들이 모세를 향해서 원망의 말을 퍼붓기보다는 하나님께 기도하기를 원하셨습니다. 직접 기도하는 것이 어려우면 모세에게 이 문제의 해결을 위해 하나님께 기도해 달라고 부탁할 수도 있었을 것입니다.

하나님은 일부러 3일 길을 걷게 하신 후에 마라의 쓴 물을 만나게 하셨습니다. 이들이 어떻게 반응하는가 보려고 시험하신 것입니다. 하나님께서는 우리에게도 때때로 인생길에 '마라'를 허락하십니다. 시험에서 낙방하게 하거나, 사업에서 실패하게 하거나, 직장에서 해고되는 일들을 허락하십니다. 사람은 누구나 모든 것이 잘되면 자연히 교만해지게 됩니다. 자기가 제일 잘났다고 생각합니다. 은근히 자기를 자랑하고 과시합니다. 처음에는 모든 것이 하나님의 은혜라고 말하던 사람도 시간이 지나면 모든 공을 자기에게로 돌리게 됩니다. 이 때 하나님이 우리를 겸손하게 하시기 위해 '인생의 마라'를 주시는 것입니다.

이때는 하나님께 무릎을 꿇어야 할 시기입니다. 모세처럼 단물을 달라고 하나님께 부르짖으며 기도해야 할 때입니다. 이 때 이스라엘 백성처럼 원망해서는 안 됩니다. 하나님의 시험에 떨어지는 것입니다. 오히려 감사하며 기도해야 합니다.

저는 신앙의 수준이 여기서 드러난다고 생각합니다. 대부분의 사람들이 하나님께 불평하고 원망하는 '마라'의 상황에서도 흔들리지 않고 감사하며 기도하는 사람이야말로 이 시험의 커트라인을 통과하는 사람입니다.

셋째, 하나님은 '마라'에서 '엘림'을 바라보기 원하십니다.

이스라엘 백성들을 시험하기 위해 마라의 쓴 물을 준비하신 하나님은 '엘림'의 단 물을 예비해 놓으셨습니다(27절). 며칠 후 그들이 엘림에 이르렀을 때, 그곳에는 샘 12개가 있었고 주위에 울창한 숲이 있었습니다. 엘림은 마라에서 남쪽으로 불과 7마일 떨어져 있는 곳이었습니다. 7마일이면 걸어서 두 시간 정도면 충분히 가는 거리입니다. 하나님은 아주 가까운 거리에 12개의 샘물이 있는 엘림을 예비해 놓으셨던 것입니다. 민수기 33장을 보면, 마라에서 진을 치고 며칠 있다가, 엘림에 가서 그곳에서 며칠 머문 것으로 기록되어 있습니다. 만일 이들이 늘 가장 좋은 것을 주시는 하나님을 믿으며 2시간만 더 행진했었더라면 그 날 생수가 흘러넘치는 엘림땅의 복을 마음껏 누렸을 것입니다.

　당신은 지금 마라에서 쓴 물을 마시듯이, 괴롭고 앞이 보이지 않는 절망 가운데 있지 않습니까? 여기가 끝이 아닙니다. 하나님께서 엘림을 예비해 놓으셨습니다. 2시간만 더 전진하시면 됩니다. 마라에서 불평하면서 인생을 포기하는 사람을 볼 때면 참 안타깝습니다. 인생뿐 아니라 믿음까지 포기하는 사람이 간혹 있습니다. 마라에 주저앉아 신세타령하며 불평하면 자신만 손해입니다. 상황은 조금도 호전되지 않습니다. 주저앉아 있으면 절대로 엘림에 도달할 수 없습니다. 엘림은 믿음의 발걸음을 박차고 나가는 사람들이 차지하게 됩니다.

쓴 물 같은 인생을 단 물 같은 인생으로

　　　　　　　예수님은 십자가의 고난과 죽으심을 통해 우리를 고쳐 주셨습니다. 예수님이 채찍에 맞음으로 우리가 나음을 입었고, 예수님이 죽으심으로 우리가 살게 되었습니다. 26절에서 하나님은 자신을 '치료하는 여호와'라고 말씀하십니다. '치료하는 여호와'는 히브리말로 〈여호와 라파〉입니다. 〈라파〉는 '치료한다'는 뜻과 함께 '고친다'는 뜻을 가지고 있습니다.

　예수님도 하나님처럼 치료하는 분이십니다. 우리의 질병을 치료해 주십니다. 육신의 질병도 고쳐주시고 영혼의 질병도 고쳐주십니다. 또한 마라의 쓴 물을 단 물로 고쳐주시듯이, 우리의 인생도 고쳐주십니다. 쓴 물 인생을 단 물 인생으로 바꾸어 주십니다. 실패한 인생을 성공한 인생으로 바꾸어 주십니다.

예수님을 만나시기 바랍니다. 예수님께 인생을 맡기시기 바랍니다. 예수님을 통하여 복된 삶을 누리시기를 기원합니다.

2

브솔 시내의 낙오자들

본문 : 사무엘상 30:9-10

아버지의 아픔

이에 다윗과 또 그와 함께 한 육 백 명이 가서 브솔 시내에 이르러 뒤떨어진 자를 거기 머물게 했으되 곧 피곤하여 브솔 시내를 건너지 못하는 이백 명을 머물게 했고 다윗은 사백 명을 거느리고 쫓아가니라

사무엘상 30:9-10

02.
브솔 시내의 낙오자들
본문 : 사무엘상 30:9-10

홈리스(Homeless)를 양산하는 세상

시카고 남쪽 근교에 있는 네이퍼빌 인근 지역에서 목회하시는 목사님과 대화를 나눈 적이 있습니다. 그 교회는 시카고 지역의 한인교회로서 유일하게 홈리스 사역을 하는 교회입니다. 그분과 대화하면서 이 사역에 대해 많은 것을 들었습니다. 주중에 하루는 홈리스들이 교회에 와서 저녁과 다음 날 아침을 먹을 수 있도록 무료 급식을 제공하고, 그날 하룻밤을 재워주는 사역입니다. 이 일을 전체적으로 주관하는 미국선교단체가 침대와 필요한 물건들을 모두 공급해 주고 음식도 배달해 주기 때문에, 교인들은 자원봉사 자격으로 시간을 내어 봉사만 하면 된

다고 합니다. 그 지역에 여섯 교회가 일주일에 하루씩 돌아가면서 교회 시설을 제공함으로써 갈 곳 없는 홈리스들이 편히 쉴 수 있도록 도와주는 참으로 귀한 사역입니다. 그 목사님께서 이 사역의 여러 가지 장점을 말씀하시면서 제가 섬기는 교회에서 이 사역을 해 볼 것을 강력하게 추천하셨습니다. 그래서 저는 우리 교회가 위치한 지역은 미국 중산층 이상이 사는 안정되고 잘 사는 백인동네이기 때문에 홈리스들이 없을 것이라고 말씀드렸습니다. 그랬더니 그렇지 않다는 것입니다. 그 목사님의 동네도 중산층 백인들이 사는 지역이기 때문에 홈리스들이 없을 줄 알았는데, 홈리스들 가운데는 흑인 외에도 의외로 멀쩡한 백인들이 많다고 하셨습니다. 그 말에 저는 깜짝 놀랐습니다.

미국이라는 사회가 한 달 벌어서 한 달 빠듯하게 생활하는 곳이기 때문에, 갑자기 회사에서 실직 당하면, 몇 달은 실업수당을 받고 은행에 남아있던 잔고를 가지고 생활하다가 수입 없이 1년 이상 지나면 빚이 쌓이기 시작하는데, 그 이후에는 대책이 없다는 것입니다. 그래서 백인들 가운데 집 없이 길거리에서 잠을 자야 하는 홈리스들이 많이 생겼다는 것입니다.

대부분 미국에서는 부부가 함께 일해서 그 수입으로 생활도 하고 자녀교육도 시킵니다. 모든 것이 미리 빚을 내서 사고 매달 조금씩 갚아 가는 생활을 합니다. 집이 그렇고 자동차가 그렇고 웬만한 물건들이 다 그렇습니다. 그런데 갑자기 부부 중의 한 사람이 직장을 잃고 수입이 없어지면 심각한 문제가 생기기 시작합니다. 비즈니스 하시는 분들도 마찬가지입니다. 요즘같이 불황이 장기화되어서 사업이 안 되어 수입이 줄어든 상태가 계속되면 집안 경제에 큰 문제가 생깁니다.

낙오자를 양산하는 세상

우리가 사는 세상을 '생존경쟁이 치열한 전쟁터'에 비유하곤 하는데, 요즘처럼 그 말이 실감나는 때가 없는 것 같습니다. 모든 것을 전쟁이라고 하지 않습니까? 무역 전쟁, 비즈니스 전쟁, 스포츠 전쟁, 심지어 입시 전쟁... 모든 것이 전쟁입니다. 전쟁이 무엇입니까? 싸워서 이기면 살아남지만, 지면 죽는 것이 바로 전쟁입니다.

인생이 전쟁이다 보니, 전쟁에서 진 패배자들이 양산되고 있습니다. 실패자들이 양산되고 있습니다.

본문에서도 낙오자들이 등장합니다. 다윗을 따르는 육백 명의 부하들이 잃어버린 처자식을 되찾기 위해 아말렉 군대를 뒤쫓아 가다가, 1/3가량이 뒤로 처지기 시작했습니다. 9, 10절 말씀을 보면 "이에 다윗과 또 그와 함께 한 육백 명이 가서 브솔 시내에 이르러 뒤떨어진 자를 거기 머물게 했으되 곧 피곤하여 브솔 시내를 건너지 못하는 이백 명을 머물게 했고 다윗은 사백 명을 거느리고 쫓아가니라"고 했습니다.

성경은 이들을 "뒤떨어진 자"라고 표현하고 있습니다. 힘이 없고 연약한 사람들은 행진할 때 자꾸 뒤로 처지게 됩니다. 인생도 마찬가지입니다. 20대 때 입시경쟁에서 처지고, 30대, 40대 직장생활하면서 진급경쟁에서 처지고, 40대, 50대 자녀교육 경쟁에서 처지게 됩니다. 힘이 있고 똑똑하여 언제나 앞장서서 힘차게 전진하는 인생들이 있지만, 이런 사람들은 그리 많지 않습니다. 더군다나 평생 살면서 늘 그렇게 힘 있게 앞장서서 나가는 사람은 거의 없습니다. 잘 나가던 사람도 어느 순간에 실패하게 되어 있습니다. 누구나 뒤떨어진 자가 될 수밖에 없습니다.

피곤하여 브솔 시내를 건너지 못하는 자

다음에 이들을 "피곤하여 브솔 시내를 건너지 못하는 자"라고 표현하고 있습니다. 여기서 '피곤하여'는 영어로 'exhausted'입니다. 힘이 다 빠져 기진맥진한 상태를 말합니다. 너무 지쳐서 브솔 시내를 건널 수 없는 자들입니다. 시내를 건너려면 흐르는 물살을 헤치고 나가야 하는 힘이 필요합니다.

만일 허리 정도 물이 찬다면 앞으로 걸어 나가기도 버겁습니다. 물살이 세면 떠내려 갈 수도 있습니다.

인생의 경쟁은 우리를 피곤하게 만들고 지치게 만듭니다. 경쟁할 때 사람은 긴장하게 됩니다. 그런데 긴장을 계속 할 수 있는 사람은 없습니다. 스트레스를 지속적으로 받으면 사람은 건강을 해치게 되어 있습니다. 신체와 정신건강에 문제가 생기게 되어 있습니다. 지금까지 힘들게 버티며 살아왔는데, 갑자기 앞에 큰 물이 흐르는 시내가 나타났고, 그 시내를 헤엄쳐 건너야 한다고 가정해 보시기 바랍니다. 이 상태가 바로 2백 명이 직면한 상태였습니다.

50세 이상 되신 분들, 어쩌면 40세 이상 되신 분들은 지금까지 살아오시면서 한 번 이상 실패를 경험해 보셨을 것입니다. 입시실패를 경험하신 분들도 있을 것입니다. 옛날에는 중학교, 고등학교를 들어갈 때 시험을 치렀습니다. 아마 어떤 분은 시험이 있을 때마다 실패한 분도 있을 것입니다. 사업 실패하신 분들도 있을 줄 압니다. 잘 나가던 사업이 갑자기 어려움을 겪어 고생을 하곤 합니다. 직장생활에서 승진 실패하신 분들도 있을 줄 압니다. 자녀교육에 실패하신 분이 있을 줄 압니다. 자녀교육을 잘 시키기 위해 미국까지 왔는데, 남들은 다 잘들 시키는

데 나는 그렇지 못한 것 같아 비관하시는 분들도 계실 줄 압니다. 결혼에 실패하신 분이 있을 줄 압니다. 배우자를 잘못 선택하여 고생을 많이 하신 분들이 있을 줄 압니다. 건강에 실패하신 분들이 있습니다. 나이가 들면서 가장 두려운 것이 건강을 잃어버리는 것입니다. 질병 종류가 많고 각종 사고위험이 우리 주위에 널려 있기 때문에 건강을 잃기 쉽습니다. 평균 7, 8년을 질병으로 인해 고통을 당하는 것이 우리 인생입니다. 그 외에도 많은 실패들이 있습니다.

이렇게 본다면 실패자가 아닌 분이 거의 없습니다. 우리 모두는 다 실패자들이요, 낙오자들입니다. 세상은 낙오자들을 손가락질하고 경멸합니다. 그러나 하나님은 그렇지 않습니다. 우리를 사랑하시고 우리를 위로해 주십니다. 본문에서 다윗이 보여준 모습은 바로 예수님의 모습입니다. 그는 낙오자들을 비난하지 않았습니다. 욕하지 않았습니다. 깊이 이해하고 저들을 쉬게 했습니다. 바로 브솔 시내에 머물게 했습니다.

브솔 시내에 머물게 하시는 하나님

9절입니다: "이에 다윗과 또 그와 함께 한 육백 명이 가서 브솔 시내에 이르러 뒤떨어진 자를 거기 머물게 했으되"

다윗은 자기 부하들 가운데 너무 지쳐서 한 걸음도 앞으로 나갈 수 없는 사람들을 브솔 시내에 머물게 했습니다. 그곳에서 쉬게 했습니다. 시내는 우리를 새롭게 해 주는 곳입니다. 지친 자들에게 시냇물은 신선한 생수를 제공합니다. 신발을 벗고 발을 시냇물에 담그고 앉아 있으면 피로가 풀리고 새로운 힘을 얻게 됩니다. 최소한 이들은 브솔 시내에 이틀 이상 머물렀습니다. 이 기간은 휴식의 시간이었고, 회복의 시간이었습니다. 자기 인생을 반추해 보는 시간이었고, 바빠서 소홀했던 하나님과 깊은 영적교제의 시간이었습니다.

유진 피터슨은 브솔 시내에 200명을 이렇게 묘사합니다: "전진하기에는 너무 지쳤고, 힘이 소진되었기에 방관자가 된 듯이 느껴지고 하나님의 백성 사이에서 주변적인 위치에 놓였으나 내면적으로는 하나님의 인정을 받는 사람, 감히 기대하지 못했던 관대한 다윗의 판결을 듣는 사람들이다."

하나님은 우리를 낙오자라고 부르지 않으십니다. 실패자라고 비난하지 않습니다. "수고하고 무거운 짐 진 자들"이라고 부르십니다. 인생의 짐은 참으로 무겁습니다. 죄 짐은 더욱 무겁고 버겁습니다.

예수님이 이렇게 우리를 초청 하십니다. "수고하고 무거운 짐 진 자들아 다 내게로 오라 내가 너희를 편히 쉬게 하리라." 하나님은 우리를 브솔 시냇가로 초청하십니다. 혹시 여러분 가운데 직장에서 해고되었거나, 새로운 직장을 찾고 있는데 못 찾고 계신 분들은 바로 브솔 시냇가에 머물러 있는 것입니다. 하나님께서 여러분의 지친 심신을 회복시켜 주시는 중입니다. 사업하느라 그동안 바쁘게 살았는데, 요즘 비즈니스가 한가하다면 그것은 바로 하나님께서 브솔 시냇가에 발을 담그고 휴식하게 하시는 것입니다. 그동안 바빠서 못 읽었던 성경을 읽고 찬양을 듣고 신앙서적을 읽으라는 시간을 주신 것으로 생각하시기 바랍니다. 이 시간은 허송세월의 시간이 아닙니다.

전쟁에 나간 사람이나 시냇가에 머문 사람이나 모두 처자식을 되찾았습니다. 잃어버린 재산을 모두 되찾았습니다. 브솔 시냇가는 반드시 인생 살아가면서 일부러 우리가 찾아가야 하는 장소요, 그곳에서 휴식하며 재충전하는 장소입니다.

브솔 시내이신 예수님과 교회

예수님이 바로 브솔 시내이십니다. 예수님이 계신 곳에는 늘 세상 낙오자들이 모여들었습니다. 당시 가장 낙오자들이라고 여겨졌던 세리와 창기들이 모여 들었습니다. 그 다음에 모여든 사람들은 가난한 자들과 병든 자들이었습니다. 이들은 다 낙오자들이라고 업신여김을 받던 사람들입니다. 그러나 예수님은 이들을 환대했습니다. 한 영혼이 천하보다 귀한 존재들이라고 존귀히 여겼습니다. 교회가 브솔 시내입니다. 예수님이 머리가 되시고 주인이 되신 곳이기 때문에 교회는 브솔 시내입니다.

우리 교회는 지치고 곤고한 이들에게 휴식과 위로를 제공하는 브솔 시내가 되어야 합니다. 인생에 낙오한 자들, 실패한 자들에게 브솔 시내가 되어야 합니다. 우리는 다윗처럼 낙오자들을 깊이 이해하고 위로하며 거저 받은 하나님의 은혜와 복을 나누어 주는 사람들이 되어야 합니다. 교회를 이 시대의 브솔 시내로 만드는 데 주력합시다. 또한 다윗처럼 약한 자를 하나님의 가슴으로 품고, 존귀하게 쓰임 받는 여러분이 되시기를 축복합니다.

3

인생의 시글락에서

본문 : 사무엘상 30:1-20

아버지의 아픔

다윗과 그의 사람들이 사흘 만에 시글락에 이른 때에 아말렉 사람들이 이미 네겝과 시글락을 침노하였는데 그들이 시글락을 쳐서 불사르고 거기에 있는 젊거나 늙은 여인들은 한 사람도 죽이지 아니하고 다 사로잡아 끌고 자기 길을 갔더라 다윗과 그의 사람들이 성읍에 이르러 본즉 성읍이 불탔고 자기들의 아내와 자녀들이 사로잡혔는지라 다윗과 그와 함께 한 백성이 울 기력이 없도록 소리를 높여 울었더라 (다윗의 두 아내 이스르엘 여인 아히노암과 갈멜 사람 나발의 아내였던 아비가일도 사로잡혔더라) 백성들이 자녀들 때문에 마음이 슬퍼서 다윗을 돌로 치자 하니 다윗이 크게 다급하였으나 그의 하나님 여호와를 힘입고 용기를 얻었더라 다윗이 아히멜렉의 아들 제사장 아비아달에게 이르되 원하건대 에봇을 내게로 가져오라 아비아달이 에봇을 다윗에게로 가져가매 다윗이 여호와께 묻자와 이르되 내가 이 군대를 추격하면 따라 잡겠나이까 하니 여호와께서 그에게 대답하시되 그를 쫓아가라 네가 반드시 따라잡고 도로 찾으리라 이에 다윗과 또 그와 함께 한 육 백 명이 가서 브솔 시내에 이르러 뒤떨어진 자들 거기 머물게 했으되 곧 피곤하여 브솔 시내를 건너지 못하는 이백 명을 머물게 했고 다윗은 사백 명을 거느리고 쫓아가니라 무리가 들에서 애굽 사람 하나를 만나 그를 다윗에게로 데려다가 떡을 주어 먹게 하며 물을 마시게 하고 그에게 무화과 뭉치에서 뗀 덩이 하나와 건포도 두 송이를 주었으니 그가 밤낮 사흘 동안 떡도 먹지 못하였고 물도 마시지 못하였음이니라 그가 먹고 정신을 차리매 다윗이 그에게 이르되 너는 누구에게 속하였으며 어디에서 왔느냐 하니 그가 이르되 나는 애굽 소년이요 아말렉 사람의 종이더니 사흘 전에 병이 들매 주인이 나를 버렸나이다 우리가 그렛 사람의 남방과 유다에 속한 지방과 갈렙 남방을 침노하고 시글락을 불살랐나이다 다윗이 그에게 이르되 네가 나를 그 군대로 인도하겠느냐 하니 그가 이르되 당신이 나를 죽이지도 아니하고 내 주인의 수중에 넘기지도 아니하겠다고 하나님의 이름으로 내게 맹세하소서 그리하면 내가 당신을 그 군대로 인도하리이다 하니라 그가 다윗을 인도하여 내려가니 그들이 온 땅에 편만하여 블레셋 사람들의 땅과 유다 땅에서 크게 약탈하였음으로 말미암아 먹고 마시며 춤추는지라 다윗이 새벽부터 이튿날 저물 때까지 그들을 치매 낙타를 타고 도망한 소년 사백 명 외에는 피한 사람이 없었더라 다윗이 아말렉 사람들이 빼앗아 갔던 모든 것을 도로 찾고 그의 두 아내를 구원하였고 그들이 약탈하였던 것 곧 무리의 자녀들이나 빼앗겼던 것은 크고 작은 것을 막론하고 아무 것도 없는 것이 없이 모두 다윗이 도로 찾아왔고 다윗이 또 양떼와 소 떼를 다 되찾았더니 무리가 그 가축들을 앞에 몰고 가며 이르되 이는 다윗의 전리품이라 하였더라

본문 : 사무엘상 30:1-20

03. 인생의 시글락에서

본문 : 사무엘상 30:1-20

그 분은 큰 교회의 장로로서 인품이 훌륭하고 신앙생활에 모범이 되어 많은 사람들로부터 존경을 받는 분이었습니다. 깊은 하나님과의 영적 교감에서 나오는 신앙 시는 많은 사람들에게 커다란 은혜를 끼쳤고, 사람들은 그 분의 시를 암송하며 즐겼습니다. 그 분은 장군으로 나라에 봉사한 이후에 공직에 진출해 도지사까지 되었습니다. 부하를 자기 몸처럼 아끼는 사랑에 아랫사람들은 헌신적으로 충성을 다했습니다. 그런데 이 분에게 치명적인 문제가 있었습니다. 부인 외에 첩을 두었는데 첩이 일곱 명이나 되었고, 부인과 첩에게서 난 자녀들이 수십 명이나 되었습니다. 자식들은 아버지를 닮아 악한 일을 많이 했습니다. 이복형제 간에 강간사건도 있었고, 형제간에 살인 사건까지 일어나 세상을 떠들썩하게 만든 적도 있습니다. 나중에는 아들 중 하나가 아버지를 죽이겠다고 칼을 들이대고 위협한 적도 있습니다. 도대체 이 분을 영적이고 신앙이 좋은 사람이라고 하겠습니까? 아니면 위선으로 가득 찬 사람이며, 가정도 제대로 다스리지 못하는 형편없는 인간이라고 하겠습니까?

이 사람이 누군지 아십니까? 바로 다윗입니다. 제가 우리 시대에 맞게 약간 각색을 했습니다. 정말 우리의 기준으로 볼 때 다윗은 형편없는 인간입니다. 그런데 하나님은 이 다윗을 크게 칭찬합니다. "하나님의 마음에 맞는 사람"이라고 끝까지 인정하고 복을 주셨습니다. 도대체 왜 하나님은 다윗이 신앙이 좋고 괜찮은 사람이라고 하십니까?

이 시대 최고 영성신학자로 꼽히는 유진 피터슨이 쓴 책 가운데 『다윗: 현실에 뿌리박은 영성』이 있습니다. 이 책을 꼭 읽어 보시기 바랍니다. 제가 던진 질문에 대한 답을 얻을 수 있는 책입니다. 다윗은 남의 이야기가 아니라 바로 우리들의 이야기입니다. 세상에 살면서, 사업하거나 직장생활하면서 어쩔 수 없이 거짓말을 해야 하고, 불의와 타협해야 하고, 때로는 의롭지 못한 일인 줄 알면서 모른 척해야 하는 때도 있습니다. 도덕주의자의 눈으로 보면 다윗은 참으로 형편없는 죄인입니다. 그렇게 비도덕적인 인간이 아닐 수 없습니다. 그러나 신앙은 도덕주의가 아닙니다. 그렇다고 세속주의자로 다윗을 보면 그를 크게 오해한 것입니다. 그는 철저히 믿음으로 산 사람입니다. 결정적인 순간에는 어김없이 하나님을 전적으로 의지하는 신앙인이었습니다.

본문에서 우리는 그 모습을 분명하게 볼 수 있습니다. 우리에게 매우 낯선 시글락이라는 지명이 등장합니다. 시글락에서 다윗은 인생 최대의 위기를 만납니다.

시글락에서 당한 다윗의 위기

시글락은 원래 이스라엘 유대에 속한 동네였는데, 블레셋에게 빼앗겨 그 수중에 들어간 곳입니다. 광야에서 도피생활을 하고 있던 다윗은 계속되는 사울 왕의 추격을 피하기 위해 블레셋으로 도망갔습니다. 블레셋의 가드 왕 아기스에게 가서 충성을 맹세했습니다. 그 대가로 가족들이 거주할 곳을 달라고 간청하자 가드 왕 아기스는 바로 시글락을 다윗에게 줍니다. 시글락은 유대 남쪽에 있는 곳입니다. 헤브론보다 더 남쪽에 있습니다. 다윗 일행은 이곳에서 정착하여 안정된 생활을 하게 됩니다. 이곳에서 1년 4개월간 생활하였습니다.

그러던 중 블레셋이 이스라엘을 치기 위해 전쟁을 준비하자,

어쩔 수 없이 다윗과 그 부하들도 가드 왕 아기스를 따라 전쟁에 나가게 됩니다. 시글락에서 80km 떨어져 있는 아벡에 도착했습니다. 그런데 블레셋 방백 중에, 다윗이 골리앗을 죽이고 블레셋과 전쟁을 했던 것을 아는 사람들이 있었습니다. 이들은 전쟁 중 다윗이 반란을 일으킬 가능성이 있으니, 절대로 전쟁에 데려갈 수 없다고 강력히 주장했습니다. 가드 왕 아기스는 할 수 없이 다윗에게 시글락으로 돌아가라고 명령했습니다. 결국 다윗과 600명의 부하들은 시글락으로 돌아왔습니다. 그런데 큰 문제가 생겼습니다. 온 동네가 불에 타고 폐허가 되어 버렸습니다. 그 사이 아말렉 군대가 습격하여 동네를 불사르고 여자와 아이들을 모두 사로잡아 가 버린 것입니다.

근거지 상실, 가족을 잃어버림

다윗은 인생 최대 위기를 만났습니다. 사랑하는 두 아내를 잃어 버렸습니다. 아이들도 잃어 버렸습니다. 그곳에 근거를 두었던 모든 이들의 삶의 보금자리가 폐허가 되었습니다. 어찌 슬픈지 다윗과 함께 한 백성들은 울 기력이 없을 때까지 소리 높여 울었습니다.

부하들의 반란, 다윗을 죽이려 함

이 때 분노와 슬픔에 이성을 잃어버린 부하들이 다윗을 돌로 쳐 죽이자고 소리쳤습니다. 이렇게 된 것이 다 다윗 때문이라고 했습니다. 이것이 바로 인간의 마음입니다. 좋을 때는 모든 것을 다 줄 것 같다가 조금만 제 마음에 안 들면 변덕을 부립니다. 이런 일을 당할 때 "그 인간이 싫다. 그 사람이 배신할 지 정말 몰랐다. 사람 속은 정말 알다가도 모르겠다." 이렇게 말할 필요가 없습니다. 인간이 원래 그런 것입니다. 저나 여러분이나 다 똑같습니다. 다윗은 이런 위기 상황 속에서 하나님을 철저히 의지했습니다.

하나님을 철저히 의지한 다윗

인생의 위기는 누구에게나 찾아옵니다. 이 위기를 잘 넘겨야 합니다. 다윗은 하나님을 의지함으로 위기를 극복했습니다.

"백성들이 자녀들 때문에 마음이 슬퍼서 다윗을 돌로 치자 하니 다윗이 크게 다급하였으나 그의 하나님 여호와를 힘입고 용기를 얻었더라"(6절).

다윗은 자기의 하나님 여호와를 힘입고 용기를 얻었다고 했습니다. 평상시에도 하나님을 의지해야 하지만, 더욱 하나님을 의지해야 할 때는 인생의 위기 순간입니다. 이때는 내 힘으로 할 것이 아무 것도 없을 때입니다. 여차하면 목숨을 잃어 버리는 상황입니다. 이 때 바로 하나님을 전심으로 의지해야 합니다. 이것이 바로 다윗의 위대함입니다. 이것이 바로 하나님이 기뻐하시는 다윗의 신앙입니다.

많은 크리스천들이 위기의 순간에 자포자기합니다. 두문불출하고 집안에 들어가 스스로 고립된 생활을 합니다. 열심히 나오던 교회, 기도생활을 중단합니다. 이런 것들은 거꾸로 하는 것입니다.

하나님께 기도함

위기의 순간에 하나님을 의지하는 사람은 전심으로 하나님께 기도합니다. 하나님의 뜻을 알기 위해서입니다. 하나님의 도움을 받기 위해서입니다. 다윗은 곁에 있던 제사장 아비아달에게 '에봇'을 가져오라고 했습니다(7절). '에봇'은 제사장이 입는 예복인데, 에봇에 우림과 둠밈이라는 보석이 박혀 있습니다. 하나님의 뜻을 알 때 이 우림과 둠밈을 사용했습니다. 다윗이 하나님께 기도했습니다: "내가 이 군대를 추격하면 따라잡겠나이까?" "그를 쫓아가라 네가 반드시 따라잡고 도로 찾으리라!"(8절).

반드시 아말렉 군대를 따라잡을 뿐 아니라 잃어버린 가족들을 모두 도로 찾을 것이라고 하나님께서 대답하셨습니다. 하나님은 위기의 순간에 기도하는 자에게 반드시 응답해 주십니다.

"너는 내게 부르짖으라 내가 네게 응답하겠고 네가 알지 못하는 크게 은밀한 일을 네게 보이리라"(렘 33:3).

그래서 다윗은 부하들을 데리고 바로 아말렉 군대를 추격하기 시작했습니다. 브솔 시내에 이르렀을 때, 600명 가운데 1/3이나 되는 200명이 낙오하게 됩니다. 지쳐서 더 이상 행진을 할 수가 없었습니다. 다윗은 그들은 브솔 시내에 머물게 하고, 무거운 물건들을 그곳에 내려놓고 그 물건을 지키게 했습니다. 이들은 시글락에 오기 위해 이틀간 행군하였고, 진이 빠지도록 울고 난 뒤에 또 행진하였기 때문에 더 이상 걸을 수 없었던 것입니다. 그러나 다윗은 추격을 멈출 수 없었습니다. 나머지 400명을 데리고 계속 전진했습니다. 이곳은 황량한 벌판입니다. 도대체 아말렉 군대가 어디에 있는지 행방이 묘연했습니다.

애굽 사람을 만나게 하심

바로 이 때 다윗은 하나님의 은혜를 크게 체험합니다. 들에서 굶고 병들어 죽어가는 한 사람을 만나게 됩니다. 알고 보니 이 사람은 애굽 사람인데 아말렉 군대의 노예로 전쟁터에 끌려온 사람이었습니다. 다윗은 이 사람을 불쌍히 여겨 먹을 것을 주었습니다. 원기를 회복한 이 사람이 중요한 정보를 알려 주었습니다. 이 애굽 소년이 아말렉 군대가 있는 곳으로 인도해 주었습니다. 그곳에 갔더니 가관이었습니다. 아말렉 사람들이 노략해 온 것들을 먹고 마시며 신나게 놀고 있었던 것입니다.

대승을 거두게 하심

다윗은 조용히 숨어 새벽까지 기다렸습니다. 드디어 술에 취해 모두 깊은 잠에 빠졌을 때, 다윗과 부하들은 일제히 공격하였습니다. 새벽부터 그 날 해질 때까지 아말렉 군대를 쳤습니다. 그 많은 군대 중에서 400명만 낙타를 타고 도망갔을 뿐, 나머지는 전멸 당했습니다. 대승리를 거두었습니다. 잃어버렸던 아내들과 자식들을 모두 되찾았습니다. 재산도 모두 되찾았습니다. 그 뿐 아니라, 아말렉이 다른 나라에서 탈취했던 물건들도 모두 갖게 되었습니다. 애굽 사람을 만나게 하셔서 쉽게, 그리고 은밀하게 아말렉 군대에게 접근할 수 있었던 것은 크신 하나님의 은혜였습니다. 그 뿐 아니라, 대승을 거두게 하신 것도 하나님의 은혜였습니다. 만일 아말렉 군대가 경비를 잘 서고 있었거나, 은밀히 숨어 있다가 자기 진영으로 다가오는 다윗의 군대를 먼저 쳤다면 400명밖에 안 되고 지쳐 있는 다윗은 전멸당할 수밖에 없었을 것입니다.

하나님의 은혜에 보답하는 삶

다윗 일행은 승리의 기쁨, 가족을 다시 찾은 기쁨으로 브솔 시내로 돌아가 그곳에 있던 낙오자 200명을 만났습니다. 이들도 가족을 다시 만나게 되어 매우 기뻐하였습니다. 그런데 이 때 전쟁에 참여했던 400명 중에 일부가―성경은 악한 자와 불량배라고 하는 자들이―말합니다. "우리와 함께 가지 아니하였은즉 우리가 도로 찾은 물건을 저들에게 줄 수 없다. 처자식만 데리고 떠나가게 해야 한다."

당연하고 공평한 말로 들립니다. 600명도 적은 숫자인데 그 중 200명이나 떨어져 나갔고, 저들은 후방에 편하게 쉬고 있을 때, 400명은 죽기 살기로 싸웠는데 똑같이 전리품을 분배하는 것은 불공평한 일이라는 것입니다.

이 때 다윗이 말합니다: "다윗이 이르되 나의 형제들아 여호와께서 우리를 보호하시고 우리를 치러 온 그 군대를 우리 손에 넘기셨은즉 그가 우리에게 주신 것을 너희가 이같이 못하리라 이 일에 누가 너희에게 듣겠느냐 전장에 내려갔던 자의 분깃이나 소유물 곁에 머물렀던 자의 분깃이 동일할지니 같이 분배할 것이니라" (23, 24절).

여기서 우리는 하나님의 은혜를 알 뿐만 아니라, 그 은혜를 베풀며 사는 다윗의 신앙을 볼 수 있습니다. 한 사람도 잃어버리지 않고 모든 가족을 다시 찾게 된 것도, 모든 재산을 찾은 것도, 더군다나 전혀 기대하지 않았던 엄청난 양의 전리품을 갖게 된 것도 모두 하나님의 은혜였습니다. 하나님이 거저 주신 것이었습니다. 그러니 전쟁에 나간 사람이나, 후방에 머물렀던 사람이나 그 은혜 앞에 동일하다는 것입니다.

죄를 덜 짓고 비교적 도덕적으로 깨끗하게 산 사람이나, 흉악한 죄를 수없이 짓고 산 사람에게 하나님의 구원, 십자가의 사랑은 값없이 주시는 은혜입니다. 구원의 은혜를 받을 자격이 있는 사람은 한 사람도 없습니다. 모두 자격 없는 사람들입니다. "나는 잘났다, 너는 죄인이다."라고 말하는 것은 은혜가 무엇인지 깨닫지 못한 사람입니다.

다윗의 이러한 결정은 이스라엘의 법이 되었습니다. 은혜의 법을 따라 전쟁에서 취한 전리품을 모든 사람이 나눠가지게 되었습니다. 이것이 바로 다윗의 위대한 점입니다. 국가 통치를 도덕의 논리나 강자의 논리로 하지 않고, 은혜의 법칙으로 한 것입니다.

나누는 삶

다윗은 한 가지 또 중요한 일을 했습니다. 그것은 전리품 가운데 일부를 유다 장로들에게 선물로 보낸 것입니다. 26-31절에 그 내용이 자세히 나와 있습니다. 무려 13개의 성읍에 흩어져 있는 장로들과 자신이 알고 지내는 사람들에게 선물을 보냈습니다. 여기서 우리는 조금이라도 가진 것이 있으면 그것을 다른 사람과 함께 나누는 그의 너그러운 베풂의 마음을 볼 수 있습니다. 그가 은혜로 받은 전리품을, 은혜의 법칙에 따라 그동안 신세진 친구들에게 나누어주는 모습입니다. 그는 참으로 은혜의 사람입니다.

인생의 시글락은 위기이자 기회

위기란 '위험한 기회'라고들 말합니다. 위기는 나쁜 것만이 아닙니다. 위기를 이기면 그 뒤에 큰 성공이 기다리고 있습니다. 시글락의 위기는 다윗이 왕이 되기 직전에 일어난 일입니다. 마지막 시험이었고, 최대의 위기였습니다. 이 사건과 2, 3일 간격으로 사울 왕은 전쟁에서 죽임을 당하게 되고, 유대 사람들이 다윗을 왕으로 추대하게 됩니다. 다윗은 오랜 도피생활을 청산하고 드디어 유다의 왕이 됩니다. 최대 위기를 믿음으로 잘 극복한 결과입니다.

위기의 순간에 우리는 하나님만 의지해야 합니다. 간절하게 하나님께 기도해야 합니다. 하나님의 뜻을 깨달아야 합니다. 인생의 시글락에서 포기하지 말고, 전적으로 하나님을 의지하심으로 승리하시길 바랍니다.

4

염려하지 말라

본문 : 마태복음 6:25-34

아버지의 아픔

그러므로 내가 너희에게 이르노니 목숨을 위하여 무엇을 먹을까 무엇을 마실까 몸을 위하여 무엇을 입을까 염려하지 말라 목숨이 음식보다 중하지 아니하며 몸이 의복보다 중하지 아니하냐 공중의 새를 보라 심지도 않고 거두지도 않고 창고에 모아 들이지도 아니하되 너희 하늘 아버지께서 기르시나니 너희는 이것들보다 귀하지 아니하냐 너희 중에 누가 염려함으로 그 키를 한 자라도 더할 수 있겠느냐 또 너희가 어찌 의복을 위하여 염려하느냐 들의 백합화가 어떻게 자라는가 생각하여 보라 수고도 아니하고 길쌈도 아니하느니라 그러나 내가 너희에게 말하노니 솔로몬의 모든 영광으로도 입은 것이 이 꽃 하나만 같지 못하였느니라 오늘 있다가 내일 아궁이에 던져지는 들풀도 하나님이 이렇게 입히시거든 하물며 너희일까보냐 믿음이 작은 자들아 그러므로 염려하여 이르기를 무엇을 먹을까 무엇을 마실까 무엇을 입을까 하지 말라 이는 다 이방인들이 구하는 것이라 너희 하늘 아버지께서 이 모든 것이 너희에게 있어야 할 줄을 아시느니라3 너희는 먼저 그의 나라와 그의 의를 구하라 그리하면 이 모든 것을 너희에게 더하시리라 그러므로 내일 일을 위하여 염려하지 말라 내일 일은 내일이 염려할 것이요 한 날의 괴로움은 그 날로 족하니라

본문 : 마태복음 6:25-34

04.
염려하지 말라

본문 : 마태복음 6:25-34

'기우'(杞憂)

옛날 중국 기나라에 한 사람이 살고 있었습니다. 이 사람은 어느 날부터 하늘이 무너지면 피할 곳이 없다고 걱정되기 시작하여, 자지도 못하고 먹지도 못하는 상황에 이르게 되었습니다. 그것을 딱하게 여긴 친구가 "하늘은 공기가 쌓인 것뿐인데 어찌 무너지겠는가?" 하고 설명해 주며 안심시켜 주었습니다. 그랬더니 그 사람이 말하기를 "왜 땅은 꺼지지 않는가?"라고 합니다. 이 친구가 대답하기를 "땅은 흙덩이가 쌓인 것뿐인데, 그것이 사방에 꽉 차서 흙이 없는 곳은 없지. 우리가 걸어도 뛰어도 항상 땅 위에 있지 않은가? 그러니 어찌 땅이 꺼질 것을 걱정하고 있나?"라고 하니 그제야 이 사람이 걱정을 버렸다고 하는 이야기가 있습니다.

하늘이 무너질 것을 걱정하고, 땅이 꺼질 것을 염려하는, 이런 쓸데없는 걱정이나 염려를 가리켜 '기우' 라고 합니다. '기우' 란 '기나라 사람의 염려' 란 뜻으로, 아무 의미도 없고 불필요한 염려를 할 때 그것은 '기우에 지나지 않는다.' 라고 말하곤 합니다.

본문에서 예수님은 우리가 하고 있는 의식주에 대한 염려와 걱정이 바로 '기우' 에 불과하다는 점을 강조하고 있습니다.

근심, 걱정, 염려, 불안, 다 비슷한 말입니다. 근심 걱정 없는 분은 아마 한 분도 없을 것입니다. 끊임없이 우리를 찾아와 괴롭히는 이 염려의 문제를 어떻게 극복할 것인가 하는 해답을 본문에서 찾을 수 있습니다.

'그러므로'

"그러므로 내가 너희에게 이르노니 목숨을 위하여 무엇을 먹을까 무엇을 마실까 몸을 위하여 무엇을 입을까 염려하지 말라 목숨이 음식보다 중하지 아니하며 몸이 의복보다 중하지 아니하냐?" (25절)

염려에 관한 주님의 가르침은 '그러므로' 라는 접속사로 시작하고 있음을 주목할 필요가 있습니다. '그러므로' 는 앞의 말을 받는 접속사입니다. 왜 의식주 문제에 대해 염려하지 말라는 것입니까? 그 이유가 앞 구절에 있습니다. 의식주 문제를 염려하고 거기에 모든 관심을 집중하는 것은 곧 재물을 섬기는 것, '맘몬'을 섬기는 것으로 발전하기 때문이라는 것입니다. 아울러 하나님을 섬기면 의식주 문제는 자연히 해결되기 때문입니다.

목숨이 음식보다 중하다

다음에 살펴볼 것은 "목숨이 음식보다 중하지 아니하며 몸이 의복보다 중하지 아니하냐"라는 25절 하반절의 말씀입니다. "목숨이 음식보다 중하고, 몸이 의복보다 중하다"는 말씀은 염려해결의 열쇠가 되는 진리입니다. 지금 우리는 대체로 무엇을 먹을까 무엇을 입을까 하고 염려하지는 않습니다. 이 말은 일차적으로 예수님 당시의 로마압제 하에서 절대빈곤에 허덕이고 있는 유대인들을 대상으로 한 것입니다. 먹을 것이 완전히 떨어져 한 톨의 쌀도 없는 사람들, 먹을 것이 없어 며칠 굶은 사람들의 의식 속에는 먹는 것과 마실 것 생각이 꽉 차 있습니다. 우리나라도 불과 30년 전만 하더라도 보릿고개가 있었습니다. 저도 어릴 때 수제비를 많이 먹었습니다. 그 때는 수제비라도 매끼 먹을 수 있으면 행복한 사람이었습니다.

아무 것도 먹을 것이 없는 사람들, 사방을 둘러봐도 먹을 것이 나올 구멍이 전혀 없는 상태에 있는 사람들에게 이 말씀을 한 것입니다. 그럴지라도 무엇을 먹을까 무엇을 마실까 염려하지 말라고 말씀하십니다. 우리는 이 사람들보다 형편이 몇 십 배 낫습니다. 정말 염려할 것이 없습니다. 이런 절망적인 상황에 있는 사람들에게 왜 주님은 염려하지 말라고 하십니까? 목숨이 음식보다 중하고, 몸이 의복보다 중하기 때문입니다.

음식이란 먹으면 없어지고, 오래 놔두면 상해서 버리는 것입니다. 그리고 음식이란 사람의 목숨을 유지하기 위해 필요한 보조물에 불과합니다.

그러나 목숨이란 무엇입니까? 하나님께서 창조하신 생명입니다. 사람이 만들 수 없는 것입니다. 우리 한 사람 한 사람의 목숨에는 하나님의 뜻과 섭리가 담겨 있습니다. 하나님의 완전한 목적과 계획이 있습니다. 특히 우리 믿는 사람들의 생명은 영원한 것입니다. 보통 소중한 것이 아닙니다. 음식 걱정하는데 시간과 정력을 낭비한다면, 우리에게 생명을 주시고 삶의 목적과 사명을 주신 하나님의 뜻을 살피고 이룰 수가 없게 됩니다. 이것은 한마디로 주객이 전도된 상태입니다. 몸도 마찬가지입니다. 몸을 주신 이유는 하나님께서 주신 사명을 이루는 도구로 사용하라는 것인데, 몸을 어떻게 유용하게 쓸 것인가를 생각하기보다 몸에 걸칠 의복 걱정에 사로잡혀 있다면 이것 역시 완전히 주객이 전도된 모습이 아닐 수 없습니다. '최고의 걸작품으로 우리의 몸을 주시고, 그 안에 생명을 부여하신 하나님께서 어찌 이 귀한 것들의 생존에 필요한 의식주를 공급해 주시지 않겠는가?' 이런 말씀을 주님이 하고 계신 것입니다.

공중의 새와 들의 백합화를 보라

계속해서 주님은 26절과 28절에서 공중의 새, 들의 백합화를 비유로 들면서 염려하지 말 것을 당부하고 있습니다.

공중의 새를 통한 시청각 교육

지금 이 말씀은 산 위에서 하시는 말씀입니다. 말씀 중에 하늘을 날고 있는 새를 가리키면서 하는 시청각교육입니다. "저 공중의 새를 보라 새들은 심지도 않고 거두지도 않고 추수하여 창고에 모아들이지도 않지만 너희 천부께서 기르신다. 너희는 이것들보다 귀하지 아니하냐."

가만히 생각해 보면 보통 신비한 일이 아닙니다. 이 세상에 새가 도대체 몇 마리가 있습니까? 사람 숫자보다 더 많을 것입니다. 참새 떼만 보더라도 얼마나 많은지 모릅니다. 새들은 벌

레도 먹고, 메뚜기도 먹고 삽니다. 갈매기 같은 새들은 물고기를 잡아먹고 삽니다. 새들은 산의 나무열매나 들의 곡식, 풀을 먹고 삽니다. 이들에게도 양식이 필요합니다. 사람들이 일일이 이들을 먹이지 않습니다. 그 어떤 피조물도 먹이지 않습니다. 누가 수십억 마리의 새들의 양식을 공급합니까? 바로 하나님께서 하십니다. 어마어마한 일입니다.

미국 동부에서 목회를 훌륭하게 하고 계신 목사님이 계십니다. 이 분은 한국에서도 목회를 잘 하셨는데 형제 초청으로 미국에 이민 오시게 되었습니다. 일찍 신학교에 들어가 젊은 나이에 목사가 되어 이미 목회가 안정된 상태에 있었는데 미국에 이민 오게 되었던 것입니다. 오시기 전에 전혀 새로운 미지의 세계에 가서 모든 것을 다시 시작해야 하는 불확실성의 모험을 감수해야 하는가 생각하며 고민에 잠겼습니다. 이민이 하나님의 뜻인가 확인하기 위해 기도원에 금식 기도하러 올라갔습니다. 때는 겨울이었습니다. 눈이 많이 온 날에 창밖을 내다보고 있는데 눈을 피하여 처마 밑에 앉아있는 새를 발견했습니다. 한참 새를 바라보는 중에 주님께서 마음에 감동을 주셨습니다.

"이 새를 보라. 이 한 겨울에도, 이 눈이 쌓인 상황에도 굶어 죽지 않고, 얼어 죽지 않게 먹이는 내가 어찌 너를 돌보아 주지 않겠는가. 너는 걱정하지 말고, 미국에 가라. 가서 내가 시키는 일을 하라." 그때 모든 걱정과 근심은 순식간에 사라지고, 마음에 큰 확신과 평강이 충만하게 되었습니다.

우리는 공중의 새보다 몇 십배 몇 백배 귀한 사람들입니다. 조금도 염려하지 말고, 조금도 의심하지 마시기 바랍니다.

들의 백합화를 통한 시청각 교육

주님께서 이제는 들의 백합화를 비유로 들어 설명하십니다. 처음에는 동물을, 이번에는 식물을 예로 들고 있습니다. 들의 백합화가 수고도 아니하고 길쌈도 아니하지만, 솔로몬의 영광이 이 꽃 하나보다도 못했다고 말씀하십니다. '솔로몬의 영광'이란 유대인들이 최고의 영광을 지칭할 때 사용하는 격언 같은 말입니다. 인간이 누릴 수 있는 최고의 영광이 들의 꽃의 영광보다 못하다고 설명하십니다. 사실 꽃은 매우 아름답습니다. 꽃의 모양이나 색깔, 그리고 그 향기는 인간이 도저히 흉내 낼 수 없습니다. 비슷하게 만들 수는 있지만 그것은 생명 없고 향기도 없는 조화에 불과할 뿐입니다. 그런데 그 아름다운 꽃을 누가 만들었습니까? 식물 스스로 만들었습니까? 아니지요. 하나님께서 만들었습니다. 적당한 수분과 양분, 그리고 햇빛을 주셨고, 알맞은 바람을 불게 해서 꽃가루가 수정하게 하고,

꽃이 피게 만들었습니다. 다 하나님께서 하신 것입니다.

다음 말씀은 상당히 충격적입니다: "오늘 있다가 내일 아궁이에 던져지는 들풀도 하나님이 이렇게 입히시거든 하물며 너희일까 보냐 믿음이 작은 자들아"(30절).

'오늘 있다가 내일 아궁이에 던져지는 들풀'

온 우주만물을 주관하시는 하나님, 전지전능하신 하나님은 내일 이 들풀이 사람 손에 뽑혀져 아궁이의 땔감이 될 것을 아십니다. 그러면서도 오늘 화려한 옷을 입히십니다. 아무 필요가 없는 일입니다. 오히려 화려한 꽃은 낭비라고 할 수 있습니다. 그러나 하나님은 오늘 그 들풀에게 아름다운 꽃을 입히십니다. 그것이 하나님의 사랑이고, 하나님의 긍휼이고, 하나님의 은혜입니다. 내일 멸망에 처할 죄인을 오늘까지 포기하지 않고 길이 참으시고 또 회개의 기회를 주시는 분이 바로 우리 하나님이십니다. 하물며 극진히 사랑하셔서 자신의 몸과 생명을 아낌없이 주신 하나님께서 어찌 오늘 우리의 의식주를 주시지 않겠습니까? 만일 오늘 부족한 것이 있다면, 그것은 깊은 하나님의 경륜과 계획이 있다고 봐야 합니다.

한번 생각해 봅시다. 당신의 자녀에게 어떤 옷을 입히기 원하십니까? 누더기 같은 것을 걸쳐주시기 원합니까? 아마 이민 초기에 돈이 없어서 다른 아이가 입던 옷을 얻어 입히신 분들이 있을 줄 압니다. 또는 중고 옷가게에 가서 낡은 옷을 사다가 입히신 분도 있을 줄 압니다. 그때 여러분의 마음이 어떠했습니까? 가슴이 아프고 아이에게 미안했을 줄 압니다. 이것이 바로 부모의 심정입니다. 하물며 우리의 하늘 아버지께서 모든 것을 소유하신 분이 왜 좋은 것으로 입히시지 않겠습니까? 우리를 다듬으시고 겸손의 훈련을 시키시려고 일부러 허름한 옷을 공급하실 때에라도 우리 아버지의 마음은 아주 쓰리고 아프리라 믿습니다. 이런 확신과 이해가 필요합니다.

염려의 원인은 믿음 부족입니다

마지막으로 살펴볼 것은 염려의 근본 원인입니다.

"오늘 있다가 내일 아궁이에 던져지는 들풀도 하나님이 이렇게 입히시거든 하물며 너희일까 보냐 믿음이 작은 자들아"(30절)

"믿음이 작은 자들아" 이 구절에 답이 있습니다. 우리의 믿음 부족, 믿음 없음이 모든 염려, 특히 의식주 염려의 원인입니다.

「중국내지선교회」를 창립한 허드슨 테일러 선교사가 있습니다. 그의 선교회에 일이 많아지면서 협력자와 선교비가 필요했지만 그를 도와주는 사람은 아무도 없었습니다. 그의 정신적 부담은 밤잠을 설치게 했고 마침내는 신경쇠약에 걸릴 정도로 심해졌습니다. 그런데 어느 날 요한복음 15장을 읽어내려 가다가 5절에 "나는 포도나무요 너희는 가지니…"라고 하는 말씀이 가슴에 와 닿았습니다. 그 순간 갑자기 태양빛이 비춰는 것처럼 그의 마음이 환하게 밝아지기 시작했습니다.

"주님은 포도나무이시고 나는 그 가지인데 내가 걱정할 것이 무엇이란 말인가? 주님께서 수분과 양분을 공급해 주는 나무이므로 가지인 나는 그것을 받아들이기만 하면 되는데, 가지인 내가 수분과 양분을 공급하려고 애쓰고 있다니 어리석었구나. 주님! 이 시간부터는 염려와 근심을 주님께 맡기겠사오니 책임져 주시옵소서."

이렇게 꿇어 엎드려 하나님 앞에서 자기의 어리석음을 시인하고 회개하며 모든 문제를 주님께 맡겼습니다. 그러자 마음에 평안이 파도처럼 밀려왔습니다. 그는 그 후로부터 기도하는 것마다 응답받고 성공적인 중국 선교를 할 수 있었습니다. 그 분은 수백 명의 선교사가 사역하였던 「중국내지선교회」를 이끌어 가면서 한 번도 선교비 요청하는 편지를 보내지 않았습니다. 모든 필요를 아시고 공급하시는 하나님께만 기도하였습니다. 그는 하나님께 나의 필요를 아뢰면, 하나님께서 다른 성도에게 나의 필요를 알려 주고, 그 성도는 하나님께 순종하여 나의 필요를 공급해 주는 도구가 된다고 확신했습니다.

요즘 우리나라 선교사들도 많이 성숙해졌음을 느낄 수 있습니다. 세계선교대회에 참가했던 선교사들로부터 이런 이야기를 들었습니다. "선교계획을 세워 일해 나갈 때 하나님께서 공급해 주시는 선교비에 맞춰 사역하면 모든 것이 평안한 가운데 이루어질 수 있습니다."

타쉬켄트에서 사역하시는 한 선교사가 있습니다. 오랫동안 평신도로 봉사하시다 비교적 늦게 40대 후반에 신학을 하고 선교사로 헌신하신 분입니다. 아들과 딸이 대학을 다니고 있습니다. 공부를 잘 하는 아이들이지만 학비를 줄이기 위해 딸은 무디에, 아들은 휘튼대학에 재학 중입니다. 부부는 타쉬켄트에 있고, 아이들은 시카고에 살면서 학교를 다니고 있습니다. 지난해 가을에 아이들 학비와 생활비를 위해 열심히 기도하며 하나님의 도우심을 기다렸지만 학비가 마련되지 않았습니다. 그러자 1년을 휴학하고 온 가족이 함께 선교지로 돌아갔습니다. 이것이 하나님의 뜻이라고 생각했기 때문입니다. 저는 이 이야기를 듣고 큰 감동을 받았습니다. 이렇게 하면 되는 것입니다. 최선을 다했는데 공급이 부족하면 그것은 아직 그 일을 추진할 때가 안 된 것입니다. 능력이 안 되고 준비가 안 된 상태에서 억지로 성취해 나가려 할 때 그때 부작용이 생기고 무리가 따르는 것입니다.

염려될 때마다 공중의 새와 들의 꽃을 기억하십시오

우리의 염려의 대상은 90% 이상이 의식주에 관련된 것입니다. 결국 의식주 문제라는 것은 돈과 결부되어 있습니다. 먹는 것도 입는 것도 돈이 필요합니다. 의식주 염려는 결국 돈 걱정입니다.

염려는 아무 유익이 없다고 예수님께서 말씀하십니다. 염려한다고 키를 한 자나 더할 수 없고, 염려한다고 문제가 해결되거나 호전되지 않습니다.

잠언에 "마음의 즐거움은 얼굴을 빛나게 하여도 마음의 근심은 심령을 상하게 하느니라" 는 말씀이 있습니다. 우리는 주일날 만난 교우가 일주일 동안 염려를 많이 해서 눈에 띄게 얼굴이 수척해진 경우를 가끔 볼 수 있습니다. 염려가 얼마나 건강에 해로운가를 단적으로 증명하는 사례라고 할 수 있습니다. 염려 근심은 우리의 영혼과 육체를 크게 해치는 힘이 있습니다.

염려될 때마다 공중의 새를 바라보십시다. 걱정될 때마다 들의 꽃을 바라보십시다. 우리는 공중의 새나 들의 꽃과 비교할 수 없을 만큼 존귀한 존재임을 깨닫게 될 것입니다. 하나님의 사랑과 복을 확신하게 될 것입니다.

1

엘리야의 탈진

본문 : 열왕기상 19:1-8

아버지의 위로

아합이 엘리야가 행한 모든 일과 그가 어떻게 모든 선지자를 칼로 죽였는지를 이세벨에게 말하니 이세벨이 사신을 엘리야에게 보내어 이르되 내가 내일 이맘때에는 반드시 네 생명을 저 사람들 중 한 사람의 생명과 같게 하리라 그렇게 하지 아니하면 신들이 내게 벌 위에 벌을 내림이 마땅하니라 한지라 그가 이 형편을 보고 일어나 자기의 생명을 위해 도망하여 유다에 속한 브엘세바에 이르러 자기의 사환을 그 곳에 머물게 하고 자기 자신은 광야로 들어가 하룻길쯤 가서 한 로뎀 나무 아래에 앉아서 자기가 죽기를 원하여 이르되 여호와여 넉넉하오니 지금 내 생명을 거두시옵소서 나는 내 조상들보다 낫지 못하나이다 하고 로뎀 나무 아래에 누워 자더니 천사가 그를 어루만지며 그에게 이르되 일어나서 먹으라 하는지라 본즉 머리맡에 숯불에 구운 떡과 한 병 물이 있더라 이에 먹고 마시고 다시 누웠더니 여호와의 천사가 또 다시 와서 어루만지며 이르되 일어나 먹으라 네가 갈 길을 다 가지 못할까 하노라 하는지라 이에 일어나 먹고 마시고 그 음식물의 힘을 의지하여 사십 주 사십 야를 가서 하나님의 산 호렙에 이르니라

열왕기상 19:1-8

01. 엘리야의 탈진

본문 : 열왕기상 19:1-8

영적 침체에 빠진 때

밴스 하브너라는 유명한 남침례교 목사는 아내가 죽은 후, 고통의 시간을 겪었던 경험에 대한 일기를 출간하였습니다. 그 책에서 하브너 목사는 크리스천의 체험에는 세 가지가 있다고 했습니다. 첫째, 모든 일이 잘 진행되고 세상은 밝아 보이는 '정상적인 나날들' 입니다. 그런데 이런 날들이 계속되리라는 기대는 비현실적입니다. 둘째, '일상적인 나날들' 인데, 우리가 의기양양해 하지도 않고 또 의기소침해 하지도 않고, 우리의 일상적인 일에 종사하는 평범한 날들입니다. 셋째, 실의, 절망, 회의, 혼란 속을 무거운 발걸음으로 걷는 '어두운 나날들' 이 있습니다. 때로 이러한 날들은 우리가 완전 회복되어 평강과 기쁨을 누릴 때까지 몇 달간 또는 몇 년간 계속되기도 합니다. 이 어두운 날들을 '영적 침체에 빠진 때'라고 할 수도 있고, '탈진 상태에 빠진 때'라고 할 수도 있습니다.

'탈진'이라는 단어를 생각할 때, 성경에서 가장 먼저 떠오르는 사람이 '엘리야' 선지자입니다. 그는 특별한 하나님의 사람이었습니다. 성령 충만하고 불같은 능력을 소유한 사람이었습니다. 그가 비오지 않기를 간절히 기도했을 때, 3년 6개월간 온 땅에 비가 내리지 않았습니다. 그런데 오늘 본문 말씀을 보면 그가 매우 연약하고 겁쟁이 같은 모습을 보여주고 있습니다.

여자의 말 한마디에 무너진 엘리야

갈멜산에서 바알 선지자 400명, 아세라 선지자 450명, 도합 850명과 영적 전투를 벌여 대승리를 거두었던 엘리야!

하늘에서 불이 내려 여호와 하나님이 살아계신 분이심을, 이스라엘을 다스리시는 참 하나님이심을 보여준 엘리야!

이 위대한 선지자가 여인의 말 한마디에 무너졌습니다. 850명의 이방신 선지자를 전멸시킨 직후, 아합 왕이 집에 돌아가 아내 이세벨에게 엘리야가 행한 모든 일을 전했습니다. 이세벨은 이 말을 듣고 화가 나서, 사신을 엘리야에게 보내 내일 안으로 죽이겠다고 협박하였습니다. 엘리야는 이 말을 듣고 너무 두려워서 즉시 도망가 버렸습니다. 엘리야의 행동은 이해가 되지 않습니다. 얼마든지 이세벨과 싸워 이길 수 있는 능력이 그에게 있었습니다. 물론 그 능력은 하나님의 능력입니다.

3절은 엘리야가 '자기의 생명을 위해' 도망하였다고 설명하고 있습니다: "그가 이 형편을 보고 일어나 자기의 생명을 위해 도망하여 유다에 속한 브엘세바에 이르러 자기의 사환을 그 곳에 머물게 하고"(3절).

엘리야는 아주 멀리 도망갔습니다. 그는 자기가 살던 북이스라엘 왕국에서 출발하여 남유다 왕국의 최남단 브엘세바까지 갔습니다. 무려 200km나 떨어진 거리입니다. 그런데 그것도 부족하여 광야로 하룻길을 더 들어가 숨어버렸습니다. 얼마나 이세벨의 협박을 두려워했는지 충분히 짐작할 수 있습니다.

죽음을 두려워하지 않고 담대하게 아합 왕과 싸우던 엘리야가 왜 이렇게 갑자기 비겁한 겁쟁이로 전락하고 말았습니까? 바로 그가 탈진했기 때문입니다. 하나님은 여기서 우리에게 매우 중요한 교훈을 가르쳐주십니다. 그것은 아무리 성령 충만하고 능력 있는 사람도 탈진하면 아무 것도 할 수 없다는 교훈입니다. 우리는 연약한 존재들이기 때문에 무리하면 쉽게 탈진할 수 있습니다.

엘리야의 모습을 통해 탈진 증세를 알아보겠습니다.

엘리야의 탈진 증세

두려움

첫 번째 탈진 증세는 두려움입니다. 엘리야는 두려움 때문에 멀리 도망치는 모습을 보여줍니다. 두려움은 또한 엘리야로 하여금 현실을 도피하게 만들었습니다. 그는 모든 것이 싫었습니다. 빨리 그 환경으로부터 벗어나고 싶었습니다. 그래서 아예 멀리 다른 나라로 도망갔습니다. 미래에 대한 막연한 두려움과 불안이 있다면 그것은 탈진 증세라고 할 수 있습니다.

죽기를 간구함

두 번째 탈진 증세는 죽기를 간구하는 것입니다. 4절입니다: "자기 자신은 광야로 들어가 하룻길쯤 가서 한 로뎀 나무 아래에 앉아서 자기가 죽기를 원하여 이르되 여호와여 넉넉하오니 지금 내 생명을 거두시옵소서 나는 내 조상들보다 낫지 못하니이다."

지금 엘리야는 삶의 의미를 상실한 상태입니다. 더 이상 살고 싶은 마음이 없었습니다. 사람이 너무 힘이 소진되어 지치게 되면 이런 상태가 됩니다. 자신이 없어지고 우울해집니다. 심하면 우울증으로 발전합니다. 우울증의 종착역은 자살입니다.

의욕 상실, 귀찮음

세 번째 탈진 증세는 의욕 상실입니다. 엘리야는 이스라엘 역사에서 가장 패역한 아합 왕 때문에 자기 나라가 우상 숭배의 죄에 빠진 것을 보고 의분을 참지 못했습니다. 그는 열심히 하나님께 기도하였습니다. 하나님께서 그에게 선지자의 직분을 주셨고, 능력도 주셨습니다. 그는 담대히 나라의 영적 회복을 위해 혼신의 힘을 다했습니다. 그의 열심과 열정은 대단했습니다. 그런 엘리야가 지금은 완전히 의욕을 상실했습니다. 모든 것이 귀찮아졌습니다.

목회자들이 탈진하게 될 때 사람이 싫어진다고 합니다. 목회라는 것이 사람을 상대하는 일인데, 사람이 싫어져서 만나기도 싫고 전화 받기도 싫어지면 큰일입니다. 보통 위기가 아닙니다. 그런데 대부분은 목회자들의 업무가 과중하기 때문에 쉽게 탈진 상태에 빠지게 된다고 합니다. 다른 직업을 가진 분들도 마찬가지입니다. 대부분 사람을 상대해야 하는데, 사람이 싫어지면 일단 탈진 증세가 시작된 것으로 보아야 합니다.

극도로 지친 몸과 마음

네 번째 탈진 증세는 극도로 지친 몸과 마음입니다. 엘리야는 광야에 들어가자마자 깊은 잠에 빠졌습니다. 천사가 흔들어 깨울 때까지 계속 잠을 잤습니다. 하나님께서 천사를 통해 떡과 물을 마시게 했습니다. 그는 먹고 나서 또 깊은 잠을 잤습니다. 얼마 후에 하나님은 또 천사를 통해 그를 깨워 먹게 하셨습니다.

인간의 몸은 한계가 있습니다. 엘리야는 계속되는 영적 전투를 통해 영적인 힘, 정신적인 힘, 육신적인 힘을 너무 많이 소진했습니다. 재충전할 시간을 충분히 갖지 못하고 계속 힘을 썼던 것입니다. 그 결과 탈진상태에 빠지고 만 것입니다.

탈진이란 무엇인가

- "탈진: 큰 업적에 대한 큰 대가"

'탈진(burn out)' 이란 말을 가장 먼저 사용한 학자는 허버트 프로이덴버거입니다. 그는 자신의 경험을 바탕으로 1970년대 초에 '탈진' 에 관한 연구결과를 발표하였습니다. 그는 탈진을

이렇게 정의합니다: "탈진이란 어떤 주장이나 삶의 방식, 혹은 누군가와의 관계를 위해 전력을 기울였는데 기대했던 성과가 나오지 않는 데서 오는 일종의 피로 및 좌절 상태."

프로이덴버거의 대표적인 책은 『탈진: 큰 업적에 대한 큰 대가』입니다. 책 제목을 통해 그는 탈진이란 "큰 업적(high achievement)을 남기려는 사람들이 치르는 큰 대가(high cost)"임을 강조하고 있습니다.

탈진에 대한 또 다른 전문가 중에 크리스티나 매슬랙 박사가 있습니다. 매슬랙 박사는 탈진을 이렇게 정의합니다: "일종의 사람을 돕는 일을 하는 사람들에게서 발생할 수 있는 감정적 소진과 비인격화, 그리고 개인적 성취감의 감소."

두 학자의 정의에서 알 수 있듯이 탈진은 "우리 몸의 영적, 정신적, 정서적, 육적 힘이 고갈되어 정상적인 활동을 할 수 없는 극도로 피곤한 상태"라고 할 수 있습니다.

참고로 프로이덴버거 박사는 탈진의 원인을 이렇게 설명합니다: "현실이 기대치와 현저히 반대되는 상황에서 기대치에 도달하기 위해 계속적으로 노력할 때, 그 사람 안에서는 문제가 발생하고 있다. 마음 깊은 곳에서 상처를 입은 결과 그의 역량은 고갈되고, 생동력과 에너지, 그리고 기능 수행 능력은 마모된다."

그러면 우리는 어떻게 탈진을 예방할 수 있으며, 탈진 상태에 빠졌을 때 어떻게 극복할 수 있습니까? 하나님께서 엘리야를 회복시키시는 모습을 중심으로 설명 드리겠습니다.

하나님의 처방

먹이심과 재우심

첫째, 휴식과 재충전을 시키셨습니다.

하나님께서는 극도로 지친 엘리야에게 깊은 단잠을 허락해 주셨습니다. 그는 천사가 깨워야 일어날 정도로 숙면을 취했습니다. 아울러 하나님은 엘리야를 친히 먹이셨습니다. 먹을 것이 전혀 없는 광야에서 하나님은 친히 구운 떡과 물을 공급해 주셨습니다.

하나님은 우리 몸을 쉬도록 만드셨습니다. 6일 동안 열심히 일하면 하루를 휴식해야 새로운 일주일을 살 수 있도록 디자인하셨습니다. 우리는 안식일을 철저히 지키면서 하나님의 창조 질서에 순종해야 합니다. 아무리 바쁜 이민생활이라도 최소한 일 년에 일주일 이상은 가족들과 휴가를 즐겨야 합니다. 일상적인 환경을 떠나 아름다운 자연에서 휴식하며 재충전의 시간을 가져야 합니다. 탈진은 일을 지나치게 많이 하는 사람, 일을 좋아하는 일중독자(workaholic)들이 잘 걸리게 됩니다.

영적 관계 회복

둘째, 영적 관계를 회복시켜 주셨습니다.

엘리야는 계속되는 영적 성취와 승리에 서서히 교만한 사람이 되었습니다. 14절은 그의 교만한 모습을 보여주는 구절입니다: "그가 대답하되 내가 만군의 하나님 여호와께 열심이 유별하오니 이는 이스라엘 자손이 주의 언약을 버리고 주의 제단을 헐며 칼로 주의 선지자들을 죽였음이오며 오직 나만 남았거늘 그들이 내 생명을 찾아 빼앗으려 하나이다."

엘리야는 '자기의 열심이 특별하다'고 말할 뿐 아니라, 바알을 대적하여 싸우는 사람은 자기 혼자뿐이라고 말하고 있습니다. 이 말은 보통 교만한 것이 아닙니다.

하나님은 호렙산에 올라온 엘리야를 만나 주셨습니다. 그의 기도를 들어주셨고 그의 잘못을 책망해 주셨습니다. 다윗이 "나의 힘이 되신 여호와"라고 고백한 것처럼 하나님은 우리의 힘이 되십니다. 탈진이란 영적, 육적 힘이 빠진 상태이기에, 우리의 힘이 되신 하나님을 통해 필요한 힘을 공급받아야 합니다. 모든 힘의 기본은 영적인 힘입니다. 하나님과의 관계를 통해 우리는 영적인 힘을 날마다 공급받아야 합니다. 남보다 2배, 3배 열심히 일하는 사역자들 중에 다른 사람들보다 훨씬 영육 간에 건강한 사람들이 있습니다. 이들이 바로 늘 하나님과의 영적 교제를 통해 힘을 공급받는 사람들입니다.

스트레스 해결

셋째, 엘리야의 스트레스를 해결해 주셨습니다. 엘리야는 마음이 급했습니다. 해야 할 일이 많았습니다. 누구보다 하나님의 일에 대한 열심이 강했습니다. 결국 그는 심한 스트레스를 받을 수밖에 없었습니다. 이 때 하나님은 일의 양을 조절해 주셨습니다. 엘리사를 후계자로 세워 함께 일하도록 했습니다. 예후와 하사엘을 각각 이스라엘과 다메섹의 왕으로 기름 부을 것을 명령하셨습니다. 이 두 사람은 하나님이 시키는 일들을 감당할 종들이었습니다. 그리고 또 한 가지 중요한 사실을 가르쳐 주셨습니다. 바알에게 무릎을 꿇지 아니한 7천 명이 있음을 알려 주셨습니다. 자기 혼자서 아합과 싸우고 있다는 생각 때문에 받았던 스트레스가 이 때 사라졌을 것입니다.

탈진 없이 살 수 있는 길이 여기 있습니다

우리가 살고 있는 21세기는 내일을 예측할 수 없는 특별한 시대입니다. 생존경쟁은 이전보다 더욱 치열해진 시대입니다. 남보다 더 많이 일하고 더 빨리 달려야 살아남는 시대입니다. 그래서 스트레스를 많이 받을 수밖에 없습니다. 아스피린 같은 진통제가 많이 팔리는 것이 그 증거입니다.

삶에 지친 현대인들을 위해 예수님께서 안식이 있는 곳으로 초청하십니다. 이 초청에 응하셔서 탈진에 빠지지 않고 늘 건강하고 활력이 넘치는 삶을 사시길 축원합니다.

"수고하고 무거운 짐 진 자들아 다 내게로 오라 내가 너희를 쉬게 하리라. 나는 마음이 온유하고 겸손하니 나의 멍에를 메고 내게 배우라 그리하면 너희 마음이 쉼을 얻으리니 이는 내 멍에는 쉽고 내 짐은 가벼움이라"(마 11:28-30).

2

스트레스와 예수님
본문 : 요한복음 14:27

아버지의 위로

평안을 너희에게 끼치노니 곧 나의 평안을 너희에게 주노라 내가 너희에게 주는 것은 세상이 주는 것 같지 아니하니라 너희는 마음에 근심하지도 말고 두려워하지도 말라

본문 : 요한복음 14:27

02.
스트레스와 예수님

본문 : 요한복음 14:27

스트레스의 위험성

　　　　　한 기독교인 의사가 자기 병원의 환자들을 대상으로 설문조사를 하였습니다. 대기실에서 기다리는 동안 설문지를 쓰게 하였습니다. 여러 질문 중에 한 질문은 "당신이 원하는 것 중 첫 번째 것은 무엇입니까?"라는 것이었습니다. 67%의 사람들이 '마음의 평화'라고 대답하였다고 합니다. 분주하고 복잡한 세상을 사는 현대인들이 가장 원하는 것은 마음의 평화입니다.

　우리는 스트레스가 너무 많은 세상에서 살고 있습니다. 의식주, 언어, 문화, 환경 차이에서 오는 스트레스가 이루 말할 수 없이 많습니다. 문제는 스트레스가 우리를 피곤하게 만들고 우리

를 긴장하게 만든다는 사실입니다. 스트레스가 계속 쌓이면 건강을 해치게 됩니다. 스트레스는 모든 병을 일으키거나 악화시키는 가장 큰 적입니다.

스트레스가 건강에 얼마나 나쁜 영향을 주는가 하는 것을 하버드 대학교 의과대학의 허버트 빈센트 박사가 발표한 적이 있습니다: "신체 내에 아드레날린이라고 하는 호르몬의 증가가 있게 된다. 다음에는 혈압, 곧 힘줄로 흘러들어가는 피의 양과 심장 박동률의 증가가 있게 되고, 이러한 증가가 과도한 땀의 분비와 두통과 배탈을 일으킨다. 또 이러한 증상은 신체에 '투지나 격한 반응'을 일으킨다. 당신이 심장마비, 조기사망, 위장병, 고혈압, 신경병과 같은 부작용으로 고생하고 싶으면 팽팽하고 긴장된 길로 계속해서 내려가라."

내가 현재 받고 있는 스트레스가 심한 상태인지 아닌지를 점검하는 몇 가지 질문들이 있습니다. 읽어 내려가면서 자신의 스트레스 정도를 확인해 보시기 바랍니다:

1. 작은 문제들로 당신은 격심한 흥분 상태에 빠지는가?
2. 당신은 사람들과 사이좋게 지내고 우정을 발전시키며 다른 사람들과 대화를 시작하는 것이 어렵다고 느끼는가?
3. 인생의 작은 즐거움들이 당신을 만족시키지 못하는가?

4. 당신의 개인적인 걱정거리에 관해 생각하는 것을 멈추는 것이 어렵거나 불가능하지는 않은가?

5. 당신은 새로운 사람들이나 상황들을 두려워하는가?

6. 당신은 다른 사람들을 의심하거나 친구들을 불신하는가?

7. 당신이 떨쳐 버릴 수 없는 나쁘고 위험한 혹은 파괴적인 습관들이 몸에 배어 있는가?

만일 여러분이 거의 대부분의 질문에 '예'라고 대답했다면 당신은 스트레스가 매우 심한 상태에 있는 것입니다. 스트레스가 지속되면, 그 사람은 긴장해 있고 신경질적인 상태에 있기 때문에 사람들이 더 이상 주변에 있으려고 하지 않을 것입니다. 그 사람은 더 이상 함께 있기에 즐거운 대상이 아닙니다. 이처럼 스트레스는 자기의 몸의 건강만 해칠 뿐 아니라 다른 사람들과의 대인관계도 해치게 됩니다.

그런데 문제는 스트레스가 이렇게 나쁜 줄 알면서도 그것을 해결하기가 어렵다는 점입니다. 그러나 기쁜 소식이 있습니다. 본문에서 예수님이 이 문제를 친히 해결해 주시겠다고 말씀하고 있습니다.

평강을 주시는 예수님

주님이 이렇게 말씀하십니다: "평안을 너희에게 끼치노니 곧 나의 평안을 너희에게 주노라 내가 너희에게 주는 것은 세상이 주는 것과 같지 아니하니라 너희는 마음에 근심하지도 말고 두려워하지도 말라"

스트레스란 마음의 평안이 사라지고 마음의 균형이 깨진 상태입니다. 스트레스로 가득 찬 우리에게 예수님이 평안을 주시겠다고 약속하셨습니다. 즉 스트레스를 제거해 주시겠다는 말씀입니다. 평안을 주시는데 '나의 평안' 을 주시겠다고 하셨습니다. 예수님의 평안이 무엇일까요?

평강의 왕 예수님이 주시는 〈샬롬〉

예수님의 평안은 〈샬롬〉입니다. 유대인들은 늘 인사할 때 〈샬롬〉이라고 말합니다. 성경은 계속적으로 반복하여 〈샬롬〉의 복을 이야기하고 있습니다. 〈샬롬〉이란 모든 것이 제자리에 있고 모든 관계들이 건강하고 완전한 상태를 말합니다. 때로 〈샬롬〉이란 건강, 번영, 행복으로 번역되기도 합니다. 부부 관계가 정상적이고 온전한 관계에 있을 때 이를 〈샬롬〉의 관계라 부릅니다. 이 때 행복과 기쁨이 흘러 넘칩니다. 그러나 부부 사이에 갈등과 미움과 섭섭함이 있을 때, 그 속에서 각종 고통과 슬픔이 흘러나오게 됩니다. 〈샬롬〉이 깨져서 그렇습니다.

구약 이사야서는 예수님이 이 땅에 오시기 약 750년 전에 기록된 말씀인데, 예수님의 탄생에 대한 예언이 기록되어 있습니다. 9장 6절에 예수님을 가리켜 '평강의 왕'이라고 부르고 있습니다. 예수님은 '평강의 왕'이십니다. 평강이 그 안에 충만하시고 그 평강을 온 세상에 나누어 주시는 왕이십니다. 실제로 예수님은 이 땅에 계시는 동안 어떤 상황에서도 늘 평안을 누리셨습니다. 한 번은 예수님과 제자들이 배를 타고 갈릴리바다를 건너는 중에 큰 풍랑을 만난 적이 있습니다. 그 때 예수님은 너무 피곤하셔서 배 고물에 누워 주무시고 계셨습니다. 풍랑이 어찌 큰지 배가 이리저리 흔들려 뒤집혀질 지경이었고, 물이 배 안에 들어와 넘치고 있었습니다. 제자들은 물을 퍼내면서 난리를 피우고 있는데 예수님은 계속 깊은 잠에 빠져 계셨습니다. 제자들이 흔들어 깨울 때 겨우 일어날 정도였습니다. 이처럼 예수님은 위급한 상황에서도 늘 마음의 평안을 유지하셨습니다. 같은 상황에서 제자들은 그렇지 못했습니다. 죽을 지도 모른다는 극도의 긴장과 스트레스로 고통을 받았습니다.

예수님의 평강을 누리는 방법

그러면 우리가 어떻게 해야 평강을 누릴 수 있습니까?

그리스도를 통한 평강의 관계 회복

먼저 예수님을 영접하여 하나님과의 관계를 평강의 관계로 회복시켜야 합니다.

에베소서 2장 14-16절에 이렇게 기록되어 있습니다: "그는 우리의 화평이신지라 둘로 하나를 만드사 원수 된 것 곧 중간에 막힌 담을 자기 육체로 허시고 법조문으로 된 계명의 율법을 폐하셨으니 이는 이 둘로 자기 안에서 한 새 사람을 지어 화평하게 하시고 또 십자가로 이 둘을 한 몸으로 하나님과 화목하게 하려 하심이라 원수된 것을 십자가로 소멸하시고."

우리는 아담의 죄로 인하여 하나님과 분리되었습니다. 죄와 불순종으로 인해 하나님과 원수가 되었습니다. 인간의 모든 불행과 고통은 바로 하나님과 원수된 결과입니다. 이런 원수된 관계를 예수님께서 십자가에서 흘리신 보혈을 통해 화평의 관계로 만들어 주셨습니다. 바로 하나님과 원수되게 한 원인인 죄를 그 보혈로 해결해 주셨습니다. 이제 누구든지 예수님을 믿고 그의 보혈로 자신의 죄를 정결케 하면 그 즉시 하나님과 평강의 관계를 회복할 수 있습니다.

그 다음 단계는 다른 피조물들과의 평강의 관계회복을 이루는 것입니다.

예수님을 나의 주님으로 고백하고 모시게 되면 예수님의 평강이 우리 마음에 들어오게 됩니다. 주위 사람들과 대인관계에 있어서 평강을 이룰 수 있는 능력을 소유하게 되었습니다. 내 안에 충만한 예수님의 평강으로 미움과 시기를 몰아내고 건강한 〈샬롬〉의 관계로 회복될 수 있게 됩니다.

평강의 복을 누리며 사는 방법

그런데 문제는 우리가 늘 평강을 누리며 살기가 쉽지 않다는 데 있습니다. 세상의 근심과 걱정이 마음속에서 평강을 빼앗아 갑니다. 또 정신없이 바쁘게 살게 하는 분주한 삶이 평강을 빼앗아 갑니다. 그리고 하나님의 말씀에 순종하지 않는 삶, 영적으로 게으른 삶을 살 때 또한 평강이 사라지게 됩니다.

시편 25편 12, 13절에 "여호와를 경외하는 자 누구냐 그가 택할 길을 그에게 가르치시리로다 그의 영혼은 평안히 살고 그의

자손은 땅을 상속하리로다" 또 시편 119편 165절에 "주의 법을 사랑하는 자에게는 큰 평안이 있으니 그들에게 장애물이 없으리로다"라고 기록되어 있습니다.

바로 여기에 우리가 늘 평강을 누리며 살 수 있는 비결이 담겨 있습니다. 예수님을 닮아서 예수님처럼 평강이 늘 넘치는 사람이 된다는 것은 계속된 경건의 훈련의 결과입니다. 성령의 아홉 가지 열매가 있습니다. 늘 성령 충만한 사람에게 주시는 하나님의 성품과 인격의 복입니다. 그 가운데 세 번째가 바로 화평, 평강입니다. 언제나 하나님의 존재를 의식하며 하나님을 두려워하며 하나님과 동행하는 사람들에게 평강을 하나의 성품으로 주시는 것입니다. 또한 하나님의 말씀을 늘 묵상하여 그 말씀대로 말하며 행하는 사람에게 큰 평안을 주시며 인생의 장애물을 친히 제거해 주십니다.

따라서 평강의 복은 받았다가 없어졌다 하는 순간적인 것이 아니라, 지속적으로 말씀대로 순종하며 믿음으로 주님을 의지하며 사는 자들에게 주시는 성품이며 인격입니다. 어떤 상황에도 흔들리지 아니하고, 어떤 난관에도 평강을 유지하는 복된 사람이 되는 것입니다.

스트레스를 근본적으로 해결하는 법

주님이 약속하십니다. 여러분의 마음을 괴롭히고 건강을 해치는 스트레스를 친히 해결해 주시겠다고 말씀하십니다. "나의 평강을 너희에게 주겠다. 나의 평강은 세상의 것과 다르다."

세상의 학문도 스트레스를 해결할 수 있는 여러 가지 방법들을 제시합니다. 그러나 그런 것들은 근본적인 해결책이 되지 못합니다. 아스피린 같은 역할 밖에 하지 못합니다. 주님의 평강을 받아야 합니다. 이 평강은 세상의 것과 본질적으로 다른 것입니다.

믿음으로 결단하시기 바랍니다. 평강을 주시겠다는 주님께 전적으로 의지하시기 바랍니다. 주님의 평강으로 모든 문제를 해결하시기 바랍니다. 모든 긴장관계를 해결하시기 바랍니다. 영적, 정신적, 육적인 강건함을 해결하시기 바랍니다. 〈샬롬〉의 복을 받아 누리시길 예수님의 이름으로 축원합니다.

3

너희 마음이 쉼을 얻으리라

본문 : 마태복음 11:28-30

아버지의 위로

수고하고 무거운 짐진 자들아 다 내게로 오라 내가 너희를 쉬게 하리라 나는 마음이 온유하고 겸손하니 나의 멍에를 메고 내게 배우라 그러면 너희 마음이 쉼을 얻으리니 이는 내 멍에는 쉽고 내 짐은 가벼움이라 하시니라

본문 : 마태복음 11:28-30

03.
너희 마음이 쉼을 얻으리라
본문 : 마태복음 11:28-30

하나님 없이 살아가는 경제대국 일본의 어두운 문제들

우리 교회에서 후원하고 있는 김은수 선교사와 강민숙 선교사, 두 가정의 일본선교 현장을 둘러보았습니다. 두 분은 일찍 일본에서 신학공부를 하고 수년간 일본생활을 했기 때문에 일본어가 능통하고 일본문화를 잘 이해하고 있었습니다. 김 선교사는 일본교회의 활성화를 위한 사역을 주로 하고 있고, 강민숙 선교사는 일본인교회에 협동목회를 하며 개척교회를 준비하고 있습니다. 교회에서는 청년사역을 하며 한국말 강좌를 통해 전도를 하고 있습니다. 사모는 1.5세로서 현재 일본어공부 중인데 공부를 마치는 대로 영어 강좌를 통해, 또 상담을 통해 전도를 할 계획으로 있습니다.

일본은 선교가 가장 어려운 나라라고 합니다. 실제 현장에 가서 보니 그것을 강하게 실감할 수 있었습니다. 우리나라보다 훨씬 먼저 복음이 들어간 나라이지만 기독교인이 인구의 1%가 되지 않습니다. 천주교는 임진왜란 이전에 들어갔고, 개신교 선교사도 우리나라보다 20년 이상 먼저 들어갔습니다. 현재 일본교회는 총 7,726개이며, 교인수는 53만 명밖에 되지 않습니다. 천주교인을 포함해도 100만 명을 넘지 못합니다. 총인구 1억 2천5백만 명 중에 0.79%가 교인입니다. 다른 말로 표현해서, 99% 이상이 불신자들입니다. 매우 특이한 나라입니다. 서양 선교사들이 우리나라보다 훨씬 많이 왔었고, 훨씬 많은 선교비를 투자했다고 합니다.

그곳에서 오래 사역한 선교사들과 또 일본인 목사들에게 선교가 안 되는 이유가 무엇인가 물었더니, 몇 가지로 설명해 주었습니다.

첫째, 범신론입니다. 흔히 일본에는 신이 800만 개가 있다고들 말합니다. 모든 것이 신입니다. 범신론에 빠진 분들은 유일신 사상을 이해하지 못합니다. 하나님만 믿어야 구원 얻는다는 교리를 받아들이기 어렵습니다. 일본인들은 태어나면 천황신사에 가서 제사 드리고, 결혼식은 교회에서 기독교식으로 치르고, 장례식은 절에서 한다고 합니다. 교회 광고가 많아서 물었더니 결혼식을 전문으로 하는 교회라고 합니다. 약 60% 이상이 교회에서 결혼식을 한다고 합니다. 이게 바로 범신론의 대표적 현상입니다.

둘째, 천황 숭배입니다. 다른 말로 일본교(신토이즘)입니다. 명치 신사와 야스쿠니 신사에 가 보았습니다. 천황 숭배의 중심지입니다. 일본은 국가 전체가 천황을 숭배하는 신앙으로 하나가 된 거대한 종교집단임을 느낄 수 있었습니다. 이런 일본인들에게 신토이즘을 포기하고 기독교신자가 되라는 것은 사형선고와 같은 일입니다. 이들은 집단에서 따돌림 당하는 것을 가장 두려워합니다.

셋째, 천주교 대박해입니다. 무사들이 집권했던 250년 에도시대 때 천주교가 대박해를 당했습니다. 수많은 선교사들이 죽임을 당했고, 수많은 신자들도 죽임을 당했습니다. 한 사람도 남기지 않고 천주교를 믿는 자들을 다 없앴습니다. 200여 년 동안 이렇게 칼로 신앙을 박해한 후유증이 지금까지 남아있다는 것입니다. 한 때 천주교가 크게 융성하여 상당히 많은 사람들이 믿었던 때가 있었다고 합니다.

그 외에도 여러 가지 이유들을 이야기합니다. 경제대국, 일등국민이라는 교만과 자부심 등등입니다. 저는 영적으로 일본 전체가 크게 사탄에게 억눌려 있다는 느낌을 강하게 받았습니다.

알려진 대로 일본인들은 참으로 친절합니다. 그렇게 친절할 수가 없습니다. 거리는 매우 청결합니다. 국민들은 참으로 검소합니다. 사치하지 않습니다. 미장원에 가서 머리 손질한 여자들이 거의 없을 정도입니다. 화려한 옷을 입은 사람도 찾아보기 힘듭니다. 지하철에는 책을 읽는 사람이 많습니다. 독서하는 국민들입니다. 본받을 점이 많다고 느꼈습니다.

그러나 화려한 경제대국의 모습 뒤에 어두운 문제들이 있음을 보았습니다.

하나는 높은 자살율입니다. 하나님 없이 살아가는 사람들은 아무리 물질적으로 풍요로워도 마음이 공허할 수밖에 없습니다. 일 년에 3만 5천 명 이상이 자살한다고 합니다. 또 하나는 수만 명의 노숙자들입니다. 저는 일본에 노숙자들이 있다는 말을 듣고 깜짝 놀랐습니다. 전혀 일본다운 모습이 아니었기 때문입니다. 그런데 도쿄 한복판 국립박물관 옆 공원에 수백 명의 노숙자들이 텐트 생활하고 있는 모습을 볼 수 있었습니다. 교회에서 나와서 따뜻한 음식을 제공하고, 머리를 깎아주고 함께 예배를 드리며 복음을 전하고 있었습니다.

노숙자는 미국에도 많이 있습니다. 아마 노숙자가 없는 나라는 없는 것 같습니다. 그런데 미국이나 일본같이 가장 잘 사는 선진국에 수만 수십만 명의 노숙자들이 있다는 것은, 그만큼 세상이 살기 어렵다는 뜻이기도 합니다. 철저한 생존경쟁에서 지면 낙오자가 되고, 노숙자가 되는 것입니다.

무거운 짐을 지고 사는 인생

본문을 보면 예수님께서 "수고하고 무거운 짐 진 자들아 다 내게로 오라 내가 너희를 쉬게 하리라"고 말씀하십니다.

세상에는 수고하고 무거운 짐 진 자들이 많습니다. 아니 인생 자체가 무거운 짐을 지고 사는 고생입니다. 여기서 '수고하고'라는 말은 헬라어로 〈코피아오〉인데, '열심히 일하다', '피로를 느끼다'란 뜻입니다. 이 세상은 열심히 일하지 않고는 먹고 살 수 없습니다. 열심히 힘들게 일해야 합니다. 그리고 '무거운 짐 진'이란 말은 배나 짐승에게 무거운 짐을 실을 때 쓰는 단어입니다. 사람의 어깨 위에 힘에 버거운 무거운 짐이 지워져 있는 장면을 묘사하는 말입니다.

융자회사를 운영하시는 집사로부터 들은 말입니다. 미국에서 새로 개업한 식당 가운데 2/3가 1년 안에 문을 닫고, 그 다음 해에 남은 식당 가운데 또 2/3가 문을 닫는다고 합니다. 식당을 개업해서 2년 안에 성공할 확률이 10% 정도 밖에 안 된다는 말이

지요. 그러니 얼마나 경쟁이 치열합니까? 사실 식당만 그런 것이 아닙니다. 다른 업종도 처절한 생존경쟁을 해야 살아남습니다. 대기업은 대기업대로 중소기업은 중소기업대로 경쟁이 치열합니다. 기업이 망하면 그 회사의 모든 직원들이 일자리를 잃게 됩니다.

인생은 시기마다 어려움이 있습니다.

청소년 때는 사춘기의 방황으로 힘이 듭니다. 정체성의 혼란으로 인생을 비관하고 반항하는 경우가 많습니다. 아이들 나름대로 어려움을 온몸으로 표현하는 몸짓입니다.

30대는 결혼하랴, 자녀를 낳아 기르랴, 사회에서 자기 기반을 닦으랴, 정신없이 바쁘고 피곤한 시기입니다.

40대는 요구가 많은 시기입니다. 가정에서도 자녀들의 요구가 많습니다. 자녀들이 중고등학교에 들어가고 대학에 들어가는 시기입니다. 회사에서도 더 많은 요구를 하는 시기입니다. 인생 경쟁에서 중간 성적표가 나오는 시기여서 남들과 비교하며 받는 스트레스가 큰 시기입니다. 몸은 30대와 달리 점점 체력이 떨어지고 건강에 이상이 생기기 시작합니다. 40대 후반에는 갱년기가 찾아옵니다. 특히 여자들이 어려움을 많이 겪습니다. 인생에 회의가 찾아옵니다. 우울해집니다. 괜히 슬퍼집니다. 모든 것이 싫어집니다. 남편도 귀찮고 자식도 귀찮습니다.

　50대는 절망과 포기의 시기입니다. 너무 많은 부담에 허리가 휘어지는 시기입니다. 자녀들이 대학을 가고, 결혼하는 시기이기 때문에 그렇습니다. 노년으로 가는 길목에 허무하다는 마음이 자주 듭니다. 체력도 의욕도 떨어져 모험할 수도 없는 시기입니다. 간간히 친구와 동창들이 세상을 떠났다는 슬픈 소식도 들려옵니다.

　60대와 70대는 인생의 황혼기입니다. 더욱 몸과 마음이 연약해집니다. 자식들이 곁을 떠나 외롭습니다. 빠른 경우 아내나 남편이 세상을 떠나 혼자되어 더욱 외롭기 그지없습니다. 쉽게 우울해지고, 조그만 일에도 섭섭한 마음이 들게 됩니다.

　이것이 우리 인생입니다. 한마디로 일생이 수고와 무거운 짐의 연속입니다. 그래서 어떤 사람들은 인생을 포기하여 스스로 목숨을 끊습니다. 수년 전에는 한국에서 대법원장까지 지내신 어른이 한강에 투신자살하여 우리를 놀라게 했습니다.

예수님의 초청

　그러나 우리에게 해결방법이 있습니다. 더 이상 괴롭고 무거운 짐을 진 인생을 살지 않을 수 있는 길이 있습니다. 오늘 예수

님이 그 길을 우리에게 제시하고 있습니다.

"수고하고 무거운 짐 진 자들아 다 내게로 오라 내가 너희를 쉬게 하리라"

예수님께로 온 자는 다 쉼을 얻었습니다.

본문을 쓴 마태가 그랬습니다. 그는 직업이 세리였습니다. 이스라엘 사람들이 차라리 굶어죽지 그 짓은 못하겠다고 조롱을 하던 직업이었습니다. 그는 먹고 살기 위해 세리 노릇을 했습니다. 날마다 갈등이 컸습니다. 늘 안식이 없었습니다. 예수님이 그를 부르자 주저 없이 예수님께 나아왔습니다. 직업을 버리고 예수님을 따랐습니다. 그는 참된 평안과 안식을 얻게 되었습니다.

삭개오가 그랬고, 막달라 마리아가 그랬습니다. 예수님께 온 사람은 모두 쉼을 얻었고, 참된 행복을 누리게 되었습니다.

쉼을 얻는 길

29절에서 예수님은 쉼을 얻을 수 있는 방법을 가르쳐 주고 계십니다.

"나는 마음이 온유하고 겸손하니 나의 멍에를 메고 내게 배우라 그러면 너희 마음이 쉼을 얻으리니"

나의 멍에를 메라

두 가지를 강조하고 있습니다.

첫째는 예수님의 멍에를 메는 것입니다.

멍에는 밭을 갈 때 소의 어깨 위에 얹는 긴 나무를 의미합니다. 팔레스타인 지방에서는 두 마리 소 위에 멍에를 메었다고 합니다. 예수님께서 멍에를 메라고 하시는 것은, 예수님과 함께 메자는 뜻입니다. 예수님의 어깨와 내 어깨에 함께 멍에를 메는 것이니 얼마나 신나는 일입니까? 예수님이 다 져 주시고 우리는 그냥 어깨 위에 걸치기만 하면 됩니다. 그런데 30절에서 예수님이 "내 멍에는 쉽고 가볍다"라고 말씀하십니다. 예수님의 멍에는 가볍습니다. 여기서 '쉽고'는 헬라어로 〈크레스토스〉인데, '친절한', '좋은', '쉬운'의 뜻을 가지고 있습니다. 따라서 이 멍에는 쉬운 멍에이기도 하고 좋은 멍에이기도 합니다. 예수님과 함께 지는 멍에는 조금도 무겁지 않고 즐겁고 신나는 멍에입니다.

나의 멍에를 메라는 것은 예수님의 말씀대로 살며, 예수님이 주신 사명을 감당하라는 것입니다. 하나님의 말씀대로 살면 인생이 아주 쉽습니다. 인생이 내가 하려고 하는 일을 하고, 먹고 살기 위해 일한다면 피곤하고 힘들겠지만, 하나님이 주신 사명을 감당할 때는 가볍고 즐겁습니다.

내게 배우라

두 번째 우리가 할 일은 '예수님으로부터 배우는 것' 입니다.

그냥 배우는 것이 아니라, 예수님의 멍에를 메고 배우는 것입니다. 예수님과 함께 걸어가며 옆에 계신 예수님을 보며 배우는 것입니다. 우리가 배울 것은 그 분의 온유와 겸손입니다.

"나는 마음이 온유하고 겸손하니 내게 배우라."

온유와 겸손은 타고 나는 것입니다. 선천적으로, 집안 내력으로 성품이 온유하고 겸손한 분들이 있습니다. 그런데 여기서 예수님은 온유와 겸손을 내게 배우라고 명하십니다. 비록 우리 성품 자체가 온유하지 못하고 겸손하지 못하지만 배움을 통해 습득할 수 있다는 반가운 말씀입니다. 예수님은 늘 온유했습니다. 제자들을 따뜻한 마음과 말로 격려하고 세웠습니다.

또한 예수님은 늘 겸손했습니다. 여기서 사용된 '겸손' 이란 단어는 〈타페이노스〉인데, '초라한', '낮은 등급의' 란 뜻을 가지고 있습니다. 겸손은 스스로 초라해지고, 낮아지는 것입니다. 낮은 자리에 가는 것입니다. 예수님은 하늘 보좌, 왕의 자리, 하나님의 자리를 버리시고, 가장 낮은 인간의 자리로 내려 오셨습니다. 이것이 겸손입니다. 오셔서 천한 인간들로부터 심문을 당하고 조롱을 당하는 자리에 서셨습니다. 이것이 겸손입니다. 예수님께서는 "누구든지 으뜸이 되고자 하는 자는 남을 섬기는 자가 되라"고 하셨습니다. 잔치 자리에 가서 상석에 앉지 말고 맨 끝자리에 앉으라고 했습니다.

우리가 열심히 일하는 동기는 대부분 높은 지위를 얻고, 유명해지는 것입니다. 좋은 평판을 얻는 것입니다. 이 동기가 바로 우리를 피곤하게 만들고 지치게 만드는 것입니다. 남이 나를 알아주지 않는다고, 정당한 대접을 받지 못한다고 원망하고 분쟁하는 원인이 됩니다. 온유와 겸손한 마음을 갖게 되면 이런 것으로부터 자유하게 됩니다.

고아들의 아버지, 3만 번 이상 기도응답 받은 사람으로 유명한 영국의 조지 뮬러에게 어떤 사람이 성공의 비결을 물었습니다. 그러자 그는 우선 "내가 철저하게 죽었던 날이 있었습니다."라고 전제하고는 머리가 거의 바닥에 닿을 정도로 고개를 수그리고 다시 이야기를 계속했습니다. "그날은 조지 뮬러가 완전히 죽은 날이었습니다. 즉 평판, 선택, 좋아함, 싫어함, 원망 등이 전부 죽었고, 그것에 대해서 조금도 개의치 않게 되었습니다. 또한 이 세상과 그 칭찬이나 비난에도 완전히 죽었습니다. 또한 형제나 친구들의 칭찬이나 비난에도 완전히 죽었습니다. 그날 이후 저는 '하나님께서 나에게 어떤 칭찬을 하실까' 라는 데만 마음을 쓰는 사람으로 바뀌었습니다." 이것이 바로 스스로 낮은 자리에 처하고 자기를 부인하는 온유와 겸손의 사람의 모습입니다. 이런 사람에게 하나님의 복을 주시는 것입니다.

배움도 얻고 쉼도 얻는 길

더 이상 인생의 무거운 짐을 지고 괴로워하지 맙시다. "수고하고 무거운 짐 진 자들아 다 내게로 오라. 내가 너희를 쉬게 하리라" 하신 예수님께 나아갑시다.

예수님과 함께 멍에를 메고 온유와 겸손을 배웁시다. 온유한 사람이 되고, 겸손한 사람이 됩시다. 그리하여 영혼의 안식을 누리고 기쁨과 여유가 넘치는 삶을 삽시다. 온유와 겸손으로 다른 사람을 섬기고 그들을 부요케 하는 사람이 됩시다.

4

안식의 축복

본문 : 출애굽기 20:8-11

아버지의 위로

안식일을 기억하여 거룩히 지키라 엿새 동안은 힘써 네 모든 일을 행할 것이나 제칠일은 너의 하나님 여호와의 안식일인즉 너나 네 아들이나 네 딸이나 네 남종이나 네 여종이나 네 가축이나 네 문안에 유하는 객이라도 아무 일도 하지 말라 이는 엿새 동안에 나 여호와가 하늘과 땅과 바다와 그 가운데 모든 것을 만들고 제칠일에 쉬었음이라 그러므로 나 여호와가 안식일을 복되게 하여 그 날을 거룩하게 하였느니라

본문 : 출애굽기 20:8-11

04.
안식의 축복

본문 : 출애굽기 20:8-11

안식일의 기원(origin)

안식의 복에 대해 말씀드리고자 합니다. 보통 일요일을 주일이라고도 하고 안식일이라고도 합니다. 구약에서는 안식일이란 말을 사용했습니다. 원래 유대인들이 지키는 구약의 안식일은 토요일입니다. 정확히 말해 금요일 일몰부터 토요일 일몰까지입니다. 유대인들은 하루를 저녁에 시작하여 저녁에 마치는 전통을 가지고 있습니다. 이 토요일의 안식일이 신약시대에 와서 '주일'로 바뀌게 되었습니다. 일요일은 예수님께서 죽은 지 사흘 만에 살아나신 날입니다. 신약성경을 보면 제자들과 초대교회 성도들이 정규예배를 일요일에 모이기 시작했고 그 날을 주일, 즉 '주님의 날(Lord's day)'이라고 부르는 것을 알 수 있습니다.

그래서 우리는 이 성경의 전통에 따라서 일요일을 안식일로 지키며 하나님께 다함께 예배드리는 날로 지키고 있는 것입니다.

안식일의 역사는 매우 오래되었습니다. 그 기원은 창세기로 올라갑니다. 창세기 2장에 보면 하나님께서 6일간 온 우주만물을 창조하신 후에 제7일째 되는 날 쉬셨다고 했습니다. 그 때 하나님이 이렇게 말씀하셨습니다: "하나님이 그가 하시던 일을 일곱째 날에 마치시니 그가 하시던 모든 일을 그치고 일곱째 날에 안식하시니라. 하나님이 그 일곱째 날을 복되게 하사 거룩하게 하셨으니 이는 하나님이 그 창조하시며 만드시던 모든 일을 마치시고 그 날에 안식하셨음이니라"(창 2:2-3).

이와 같이 안식일은 세상 창조 때부터 시작되었습니다. 그런데 이 말씀 속에 하나님께서 안식일을 위해 하신 두 가지 중요한 일이 있습니다. 하나는 하나님이 이 날을 복되게 하신 것이고, 또 하나는 이 날을 거룩하게 하신 것입니다. 즉 안식일은 복된 날로서 우리에게 복을 주시기 위한 날이며, 아울러 이 날은 하나님께서 거룩하게 만드신 날이라는 사실입니다. 이처럼 안식일은 다른 6일과 완전히 구별되는 특별한 날인 것을 알 수 있습니다. 그리고 우리 믿는 사람들은 이 날이 나머지 6일과 다른 일을 해야 하는 날인 것을 알 수 있습니다.

안식일에 해야 할 일

두 번째로 살펴볼 것은 안식일에 해야 할 일입니다.

본문 출애굽기 20장 8-11절은 십계명 중 제 4계명에 관한 말씀입니다. 하나님은 인간이 꼭 지켜야 할 계명 10가지를 주실 때 안식일 준수 계명을 포함시키셨습니다.

본문을 보면 안식일에 크게 두 가지를 행해야 할 것을 명령하고 있습니다.

첫째, 휴식하는 것입니다.

10절을 보면 "일곱째 날은 네 하나님 여호와의 안식일인즉 너나 네 아들이나 네 딸이나 네 남종이나 네 여종이나 네 가축이나 네 문안에 머무는 객이라도 아무 일도 하지 말라"라고 하였습니다.

안식일을 영어로 'sabbath day'라고 합니다. 이 'sabbath'라는 말은 히브리어 〈사바트〉라는 단어에서 유래한 것으로, '중

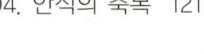

지한다', '쉬다' 는 뜻을 가지고 있습니다.

하던 일을 중지하고 완전히 쉬고 있는 상태를 말합니다. 이처럼 안식일은 6일 동안 하던 일을 모두 그만두고 완전히 쉬는 날입니다. 이것이 우리가 첫 번째 해야 할 일입니다. 이 계명대로 우리는 가능한 한 주일날은 스케줄을 잡지 말고 집에서 가족들과 함께 쉬는 시간을 많이 가져야 합니다.

둘째, 예배드리는 것입니다.

11절에 "그러므로 나 여호와가 안식일을 복되게 하여 그 날을 거룩하게 하였느니라"라고 하였습니다. '안식일은 거룩한 날이다' 는 말은 쉽게 말해서 '하나님을 위한 날이다' 라고 할 수 있습니다. '거룩' 이란 죄가 없는 상태를 말합니다. 하나님 한 분만이 거룩하십니다. 하나님이 이 날을 거룩하게 만드셨습니다. 바로 이 날 거룩하신 하나님을 예배하는 일에 힘쓰라는 뜻입니다.

레위기 23장 3절에 보면 이 날이 예배하는 날임을 분명히 가르쳐 주고 있습니다: "엿새 동안은 일할 것이요 일곱째 날은 쉴 안식일이니 성회의 날이라." '성회의 날' 이란 '거룩한 모임의 날' 즉 '예배일' 이라는 뜻입니다.

주일날 우리가 하나님 앞에 온 가족이 나와 함께 예배드리는 이유가 바로 여기에 있습니다. 성경은 이 날이 하나님께 예배드리는 날이라고 분명히 강조하고 있습니다. 우리가 주일날 가장 힘써야 할 일은 바로 하나님께 경배와 찬양을 드리는 것입니다. 우리의 정성을 다하고 힘을 다하고 마음을 다하여 하나님을 예배하고 높이는 것입니다.

안식일에 주시는 복

세 번째로 생각할 것은 안식일에 주시는 하나님의 복입니다.

첫째, 안식의 복

미국의 경제학자 줄리엣 스콜(Juliet Schor)은 이렇게 말했습니다: "모든 미국의 직장인들은 현재 근무시간과 스트레스는 계속 올라가고 있고, 수면시간과 가족과의 시간은 계속 내려가고 있다. 주부들은 직장에서 돌아오면 지친 몸으로 'second shift' job으로 기다리고 있는 가사 일을 해야 하고, 남편들은 오버타임으로 직장에서 더 일하거나 second job을 뛰기 위해 다른 직장으로 가야 한다. 혼자 사는 single parent는 가정과 자녀들을 위한 여러 가지 일을 하기 위해 동분서주하다 보면 무력감에 빠지게 된다."

주 5일 40시간밖에 일하지 않는 미국사람들이 이렇게 바빠서 정신없이 지내고 있습니다. 정말 정신없이 하루 종일 일만 하고 있습니다. 옛날에 일은 안하고 맨날 놀기만 하던 사람이 죽어서 장사를 지내는데 가족들이 비석에 쓸 말이 없어서 '먹다 죽다' 넉자를 썼다고 하는데, 우리들의 비석에는 '일하다 죽다' 다섯 자를 써야 할 것 같습니다.

하루를 크게 삼등분하여 살아야 한다고 말합니다. 하루 8시간은 일하고, 8시간은 잠자고, 8시간은 쉬기도 하고 가정도 돌보는 데 사용하는 것이 정상입니다.

쉬지 않고 일하면 우리 몸은 이상이 생기게 되어 있습니다. 몸에 만성피로가 오고 각종 질병이 생기게 됩니다. 정신건강도 이상이 오게 됩니다. 매사가 귀찮고 일의 의욕이나 삶의 의욕을 상실하게 됩니다. 무슨 일도 재미있는 것이 없고, 기억력이 감퇴하고 창의력이 약해집니다. 쉽게 짜증이 나고 자주 화를 내게 됩니다. 더 심해지면 우울증에 걸리게 됩니다. 제가 볼 때 지금 우리들은 너무 지쳐있습니다. 신경이 날카롭고 마음의 여유가 없습니다. 왜 우리가 이렇게 살아가고 있습니까? 이 모습이 하나님께서 원래 계획하신 인생의 모습입니까?

현재 우리가 느끼고 있는 불행은 안식함으로 대부분 해소될 수 있습니다.

하나님의 명령대로 일주일 중에서 하루를 충분히 쉬면서 휴식을 취한다면 여러분의 삶과 가정은 완전히 달라질 것입니다. 참된 행복과 여유가 넘쳐날 것입니다.

둘째, 영적인 복

주일은 하나님께 예배드리며 거룩히 지내는 날입니다. 예배드릴 때 하나님은 기뻐하시며 우리에게 은혜와 평강을 내려주십니다. 기쁨을 주십니다. 하늘의 지혜를 주십니다. 영적 물질적 복을 충만하게 내려주십니다. 모든 일을 형통케 해주십니다.

이사야 58장 13-14절에 이런 말씀이 있습니다: "만일 안식일에 네 발을 금하여 내 성일에 오락을 행하지 아니하고 안식일을 일컬어 즐거운 날이라, 여호와의 성일을 존귀한 날이라 하여 이를 존귀하게 여기고 네 길로 행하지 아니하며 사사로운 말을 하지 아니하면 네가 여호와 안에서 즐거움을 얻을 것이라."

인생을 살다보면 즐거운 날보다 괴로운 날이나 슬픈 날이 더 많은 것 같습니다. 그러나 주일을 거룩히 지키면 인생이 즐거워집니다. 하나님이 우리 마음에 즐거움을 주시기 때문입니다.

주일성수는 신앙의 핵심

에스겔 20장에서 하나님께서 4계명을 범하는 자는 율법 전체를 범하는 것이라고 했습니다. 종교개혁자 요한 칼빈(John Calvin)은 주일성수를 신앙생활의 핵심으로 보았습니다. 안식일을 거룩히 지키는 것은 하나님을 경외하는 사람만이 할 수 있는 일입니다. 성도들에게 있어 하나님께 예배드리는 일보다 더 중요한 일은 없습니다. 하나님은 7일 중의 하루를 예배드리는 날로 지정하심으로 우리가 타락한 본성을 따라 하나님을 멀리하는 죄악을 억제하고 예배자로 살 수 있는 길을 마련하셨습니다. 우리는 매일 하나님을 예배하는 삶을 살아야 합니다. 그런데 이 일이 얼마나 어려운지 우리는 잘 압니다. 주일이 되면 으레 예배드리기 위해 교회로 나옵니다. 주일에 예배를 잘 드림으로 우리의 본성을 억제하고 은혜와 성령 충만을 받게 되며, 그 결과 우리는 나머지 6일도 예배드리며 살 수 있게 됩니다. 다시 말씀드려서 주일이 있는 것은 우리가 일주일 내내 예배드리며 하나님께 영광 돌리는 삶을 살도록 하기 위함입니다.

그런데 만일 주일이 따로 없다면, 우리의 신앙이 어떻게 되겠습니까? 생각만 해도 아찔한 일이 아닐 수 없습니다. 교인들 가운데 주일성수 못하는 분들이 있습니다. 처음에는 한 달에 한 번 빠집니다. 그러다가 그 횟수가 점점 많아져서 결국 아예 주일에 안 나오게 됩니다. 주일성수는 신앙의 탯줄과 같습니다. 뱃속의 아기생명이 탯줄로 엄마와 연결되어 있듯이 우리 신앙은 주일성수라는 탯줄에 생명이 달려 있다고 할 수 있는 것입니다.

주일성수는 더 이상 율법이 아닙니다

여기서 한 가지 기억할 것이 있습니다. 그것은 우리가 더 이상 안식일을 율법적으로 지킬 필요가 없다는 사실입니다. 앞에서 말씀 드린 대로 안식일을 제정하신 근본 목적은 우리 인간들이 하나님을 온전히 예배하고 섬기기 위함입니다.

그런데 예수님께서 십자가에 죽으시고 부활하심으로 더 완전한 길이 우리에게 주어졌습니다. 우리는 예수님을 영접할 때, 그 분의 능력을 함께 소유하게 됩니다. 그 분의 능력으로 인간의 죄악된 본성을 이길 수 있으며, 온전한 예배자로 변화될 수 있습니다. 주님 안에서 모든 것이 가능하게 되었습니다.

바리새인들이 외식적으로 안식일을 지키는 모습을 보며, 예수님은 그들에게 안식일을 위하여 사람이 있는 것이 아니라, 사람을 위하여 안식일이 있는 것이라고 말씀하셨습니다. 우리가 율법적으로 주일성수를 해서도 안 되고 강요해서도 안 됩니다.

주일날 물건을 사야 되는지 안 사야 되는지, 주일날 식당에 가야 하는지 안 가야 하는지를 가지고 고민할 필요가 더 이상 없습니다. 그러나 이 말이 주일날 일해도 되고 아무 일이나 해도 되고, 예배드리러 나오지 않아도 된다는 말은 절대 아닙니다. "주일은 안식하는 날이니 아무 것도 해서는 안 되고 오직 예배만 드려야 한다."는 바리새인과 같은 율법적 태도가 잘못되었다는 말입니다. 여전히 주일은 안식해야 되는 날이고, 예배드려야 하는 날입니다만 구약의 안식일처럼 그것만 해야 되는 날은 더 이상 아니라는 의미입니다.

주일날 일하는 분들이 있습니다. 우리 교회에서는 일 년 평균 80% 이상 주일성수를 해야 제직으로 임명됩니다. 간혹 제직을 할 만한 분들 가운데 직장 특성상 주일에 일하는 분들이 있습니다. 어떤 분들은 가게 문을 열기도 합니다. 어느 직업은 되고 어느 직업은 안 되고 하는 기준을 당회에서 의논한 적이 있습니다. 결론은 공공기관이나 많은 사람의 유익을 위해 일하는 직업은 허용하기로 했습니다. 즉 의사, 약사, 간호사 같은 의료계 종사자들이나 공항이나 항공사 같은데 근무하는 분들이 이에 해당됩니다. 그런데 솔직히 이런 반문을 할 수도 있습니다. 비즈니스 하는 분들 가운데에도 큰 쇼핑센터에서 장사하는 분들은 규정상 주일날 오픈해야 되는데, 만일 혼자 가게 문을 닫으면 다른 가게에 영향을 미치고 또 시간이 없어 주일밖에는 물건을 살 수 없는 분들을 위해 봉사하기 위해 가게 문을 연다면 비록 개인 비지니스지만 공공기관에 근무하는 사람들과 다를 것이 무엇이 있는가? 하는 점입니다.

20세기 최고의 기독교 지성으로 불리는 프랜시스 쉐퍼 박사는 십계명의 계명을 범하는 것은 결국 '탐심' 때문이라고 말했습니다. 계명 하나하나가 바로 인간의 탐심을 억제하기 위해 주어진 것이라고 합니다. 4계명만 해도 그렇습니다. 하나님께서 6일만 일하고 하루를 쉬라는 명령을 주신 것은 6일만 일해도 일주일간 먹을 물질을 충분히 주시겠다는 약속을 포함하고 있는 것입니다. 주일날도 일하는 것은 결국 탐심의 문제입니다. 또한 하나님의 약속을 불신하는 죄악입니다. 그러나 여러분이 주일날 일하는 것이 전혀 탐심의 문제가 아니며, 하나님의 약속을 불신하는 것이 아니라면 아무 상관이 없습니다. 또한 여러분이 주일날 일하지만 날마다 하나님과 깊은 교제를 가지고 예배를 정성껏 드리며 예배자의 삶을 산다면 아무 문제가 없습니다. 따라서 여러분이 주일날 일하거나 혹 다른 일 때문에 예배에 참석 못할 경우가 생겼을 때, 스스로 정직하게 자신을 점검하시기 바랍니다.

주일성수를 통한 안식의 복을 누리고 있습니까?

사람은 누구나 복된 삶을 누리며 살고 싶어 합니다. 하나님은 성도들에게 복을 약속하셨습니다. 그러나 성도들 가운데 복을 못 받는 분들이 있습니다. 그 이유는 간단합니다. 구원과 복은 별개의 문제입니다. 구원은 믿음으로 주어지는 것이지만, 복은 순종을 통해 주어지는 것이기 때문입니다. 구원받았어도 믿음이 없어 주일성수 제대로 안 하면 안식의 복을 받을 수 없습니다. 구원받았어도 믿음이 부족하여 십일조생활을 안 하면 십일조의 복을 받을 수 없습니다. 안식의 복은 주일을 거룩히 지키는 성도들에게만 주어지는 것입니다.

주일이면 온 가족이 하나님께 나와 예배드리는 날로 삼으며, 또 주님 안에서 휴식을 취하는 날로 삼으시는 주일성수를 힘씀으로 안식의 복, 영적인 복을 누리는 성도 여러분이 되시기를 주님의 이름으로 축복합니다.

1

돈 없이, 값 없이

본문 : 이사야 55:1-13

아버지의 초대

오호라 너희 모든 목마른 자들아 물로 나아오라 돈 없는 자도 오라 너희는 와서 사 먹되 돈 없이, 값 없이 와서 포도주와 젖을 사라 너희가 어찌하여 양식 아닌 것을 위하여 은을 달아 주며 배부르게 하지 못할 것을 위하여 수고하느냐 내게 듣고 들을지어다 그리하면 너희가 좋은 것을 먹을 것이며 너희 자신들이 기름진 것으로 즐거움을 얻으리라 너희는 귀를 기울이고 내게로 나아와 들으라 그리하면 너희의 영혼이 살리라 내가 너희를 위하여 영원한 언약을 맺으리니 곧 다윗에게 허락한 확실한 은혜니라 보라 내가 그를 만민에게 증인으로 세웠고 만민의 인도자와 명령자를 삼았나니 보라 네가 알지 못하는 나라를 네가 부를 것이며 너를 알지 못하는 나라가 네게 달려올 것은 여호와 네 하나님 곧 이스라엘의 거룩하신 이로 말미암음이니라 이는 너를 영화롭게 하였느니라 너희는 여호와를 만날 만한 때에 찾으라 가까이 계실 때에 그를 부르라 악인은 그의 길을, 불의한 자는 그의 생각을 버리고 여호와께로 돌아오라 그리하면 그가 긍휼히 여기시리라 우리 하나님께로 돌아오라 그가 너그럽게 용서하시리라 이는 내 생각이 너희 생각과 다르며 내 길은 너희의 길과 다름이니라 여호와의 말씀이니라 이는 하늘이 땅보다 높음 같이 내 길은 너희의 길보다 높으며 내 생각은 너희의 생각보다 높으니라 이는 비와 눈이 하늘로부터 내려서 그리로 돌아가지 아니하고 땅을 적셔서 소출이 나게 하며 싹이 나게 하여 파종하는 자에게 종자를 주며 먹는 자에게 양식을 줌과 같이 내 입에서 나가는 말도 이와 같이 헛되이 내게로 돌아오지 아니하고 나의 기뻐하는 뜻을 이루며 내가 보낸 일에 형통하리라 너희는 기쁨으로 나아가며 평안히 인도함을 받을 것이요 산들과 언덕들이 너희 앞에서 노래를 발하고 들의 모든 나무가 손뼉을 칠 것이며 잣나무는 가시나무를 대신하여 나며 화석류는 질려를 대신하여 날 것이라 이것이 여호와의 기념이 되며 영영한 표징이 되어 끊어지지 아니하리라

이사야 55:1-13

01. 돈 없이, 값 없이

본문 : 이사야 55:1-13

굉장히 비싸고 좋은 것을 공짜로 준다면

제가 미국에 와서 처음 배운 영어 중에 하나가 "Buy one Get one free" 입니다. 하나 사면 하나를 더 공짜로 준다는 말입니다. 며칠 전에 식료품점 쿠폰 광고지를 보니까, "Buy one Get two free"가 있는 걸 보았습니다. 제가 그곳을 잘 안 가기 때문에 그전부터 있었는지 모르겠습니다. 사람들은 공짜를 좋아하는데, 이제는 하나 사면 두 개를 더 공짜로 주겠다고 선전하고 있는 것입니다. 얼마 전에 한 한인봉사단체에서 채소를 살 수 있는 쿠폰을 나눠준다고 하니까 구름떼같이 많은 사람들이, 각 인종들이 몰려들었다는 기사를 본 적이 있습니다. 좌우지간 사람들은 공짜를 좋아합니다. 물론 저도 공짜를 좋아합니다. 공짜 좋아하는 인간의 심리를 잘 아시는 하나님께서 우리에게 굉장히 비싸고 좋은 것을 공짜로 나눠주겠다고 이사야 선지자를 통해 광고를 하고 계십니다.

하나님의 초대

"오호라 너희 모든 목마른 자들아 물로 나아오라 돈 없는 자도 오라 너희는 와서 사 먹되 돈 없이, 값 없이 와서 포도주와 젖을 사라"(1절).

하나님께서 두 종류의 사람들을 부르고 계십니다. 첫째는 목마른 사람들이고, 둘째는 돈 없는 사람들입니다. 이들에게 공짜로 귀한 선물을 나눠주겠다고 말씀하시고 있습니다.

군대생활하신 분들은 한여름 땡볕에서 훈련받을 때 심한 갈증을 경험한 적이 있을 것입니다. 더운 여름에 땀을 많이 흘렸는데, 물을 마시지 못하면 탈수증세로 쓰러지거나 심한 경우 목숨을 잃는 수도 있습니다. 본문에서 목이 탈 정도로 갈증을 느끼는 사람들은 다 하나님께 나오라고 초청하고 있습니다. 아울러 돈 없는 사람들도 나오면 먹을 것을 주겠다며 초청하십니다. 지금 이 시간에도 지구상에는 먹을 것이 없어 죽어가는 사람들이 수없이 많습니다. 배가 고파서 밥이나 빵을 먹어야 하는데 돈이 없다면, 굶어 죽을 수밖에 없습니다. 이 두 종류의 사람들이 가장 불쌍하고, 가장 절박한 상황에 있는 사람들이라고 할 수 있습니다.

그런데 2절, 3절 말씀을 읽어보면, 이 사람들은 영적인 갈증과 영적인 굶주림 상태에 있는 사람들을 의미하는 것임을 알 수 있습니다.

누가 영적 기갈 상태에 있는 사람입니까?

하나님을 알지 못하는 사람들입니다. 하나님을 만난 경험이 없고, 아직 성령을 받지 못한 사람들입니다. 그리고 이미 구원받아 하나님을 믿는 분들 가운데 하나님 앞에 범죄하여 하나님의 은혜를 현재 받지 못하고 있는 사람들을 말합니다. 이사야 선지자는 이스라엘 백성들에게 이 말씀을 전하고 있습니다. 하나님의 백성들이 우상 숭배하여 하나님의 심판을 받아 고통을 당하고 있는 상태가 바로 영적 굶주림과 갈증상태에 있는 것입니다.

육적 기갈의 근본 원인은 영적 기갈이다

현재 불행과 좌절 속에 있는 분들, 사업이 잘 안 되어 심한 경제적 압박과 고통을 받고 있는 분들, 마음이 우울하고 외로움에 빠져있는 분들은 단순히 육적 기갈 상태에 있는 것이 아닙니다. 여러분의 사업이 잘 안되고, 인생이 잘 안 풀리기 때문에 그런 것이 아니라, 근본적으로 영적인 문제가 있기 때문입니다. 하나님이 공짜로 주기를 원하시는 영적 음료수와 영적 양식을 거부하며 먹지 않고 있기 때문입니다.

하나님 말씀을 청종함이 영적 양식을 먹는 것이다

"너희가 어찌하여 양식이 아닌 것을 위하여 은을 달아 주며 배부르게 못할 것을 위하여 수고하느냐 내게 듣고 들을지어다. 그리하면 너희가 좋은 것을 먹을 것이며 너희 자신들이 기름진 것으로 즐거움을 얻으리라. 너희는 귀를 기울이고 내게로 나아와 들으라. 그리하면 너희의 영혼이 살리라. 내가 너희를 위하여 영원한 언약을 맺으리니 곧 다윗에게 허락한 확실한 은혜이니라"(2, 3절).

영적 기갈을 해결하는 길은 하나님의 말씀을 듣는 것입니다. 여기서 "듣고 들을지어다"라고 두 번 반복하고 있는 것은, 잘 경청하여 들으라는 뜻입니다. 하나님의 말씀이 우리 '영혼의 양식'이기에 우리가 부지런히 하나님의 말씀을 듣고 묵상하면 우리 영혼이 강건할 뿐 아니라 즐거움이 넘치게 된다는 것입니다. 이사야 선지자는 계속하여 하나님의 말씀을 들으라고 강조하고 있습니다.

구원은 영원한 언약, 은혜의 언약이다

하나님의 말씀을 듣고, 그 말씀 가운데 핵심인 예수 그리스도를 믿게 되면 우리는 구원을 얻게 됩니다. 예수를 믿는 자에게 구원을 주시겠다는 약속이 바로 영원한 언약이요, 은혜의 복음입니다. 십자가와 그 위에서 흘리신 예수님의 피의 죄 사하는 능력을 믿는 사람에게 하나님은 반드시 영생의 복을 주십니다. 이 약속은 변치 않는 영원한 약속입니다.

하나님을 만날 만한 때

"너희는 여호와를 만날 만한 때에 찾으라 가까이 계실 때에 그를 부르라"(6절).

이 말씀은 우리가 심각하게 받아들여야 할 진리입니다. 하나님을 만날 수 있는 때가 있고, 하나님이 우리 가까이 계실 때가 있습니다. 대부분의 사람들이 초등학교, 중고등학교 시절에 하나님을 만나 구원을 받습니다. 그 다음에 많이 구원받는 때가 청년시절입니다. 전도서에서도 사람이 청년 때 창조자 하나님을 찾고 기억하라고 권면하고 있습니다. 나이가 많이 들어 하나님을 믿게 되는 분들이 간혹 있는데, 이 분들은 정말 굉장한 복을 받은 것입니다.

지금 이 말씀은 하나님의 심판이 끝나고 하나님께서 이스라엘을 회복시키시기 위해 포로귀환을 하게 될 때, 그 때가 바로 하나님을 만날 때라고 이사야 선지자가 예언하고 있는 것입니다. 한 민족이 집단적으로 구원을 받게 되는 영적 대부흥의 시기가 있습니다. 우리나라는 1970년대와 1980년대가 이런 시기였습니다.

미국에 와서 예수님을 믿게 되는 분들이 참 많습니다. 이민으로 왔건, 유학생으로 왔건, 또는 주재원으로 왔건, 미국에 있을 때가 하나님을 만날 때입니다. 이때를 놓치면 안 됩니다.

많은 사람들이 큰 병에 걸렸을 때, 또는 인생의 커다란 실패나 시련 중에 있을 때, 하나님을 만나게 됩니다. 인생의 특별한 사건을 통해 하나님은 우리를 부르십니다.

이 때 참회와 회개를 해야 한다

"악인은 그의 길을, 불의한 자는 그의 생각을 버리고 여호와께로 돌아오라 그리하면 그가 긍휼히 여기시리라. 우리 하나님께로 돌아오라 그가 너그럽게 용서하시리라" (7절).

하나님이 가까이 계셔서 만나주시기를 원하실 때, 우리는 그 동안 범했던 모든 죄와 불의한 것을 회개해야 합니다. 그리고 그 잘못된 길에서 돌이켜야 합니다. 새로운 삶을 살기로 방향전

환을 해야 합니다.

'하나님의 생각은 인간의 생각과 다르다'는 것을 기억하십시오!

하늘이 땅보다 높음 같이 하나님의 생각과 길은 큰 차이가 있습니다(8, 9절). 그 높은 하나님의 생각, 하나님의 길을 따라가는 것이 바로 복이요 형통한 삶인 것입니다.

하나님의 말씀의 능력

영적 기갈상태에서 나올 수 있는 길은 하나님의 말씀을 듣는 것이라고 했습니다. 본문 10절과 11절은 우리를 구원하시고 우리의 영혼을 살리는 그 하나님의 말씀의 속성에 대해 자세히 설명하고 있습니다.

"이는 비와 눈이 하늘로부터 내려서 그리로 되돌아가지 아니하고 땅을 적셔서 소출이 나게 하며 싹이 나게 하여 파종하는 자에게는 종자를 주며 먹는 자에게는 양식을 줌과 같이 내 입에서 나가는 말도 이와 같이 헛되이 내게로 되돌아오지 아니하고 나의 기뻐하는 뜻을 이루며 내가 보낸 일에 형통함이니라"(10, 11절).

하늘에서 내리는 비가 자연계에서 순환과정을 거치는 것을 비유로 하나님의 말씀이 역사하는 과정에 대해 설명하고 있습니다. 하나님의 입에서 나오는 말씀은 헛되이 하나님께 되돌아가는 일이 결코 없으며, 반드시 그 말씀 속에 담겨있는 하나님의 뜻을 이룹니다. 그래서 하나님의 말씀에는 능력이 있는 것입니다. 하나님의 말씀은 반드시 그대로 성취됩니다. 그렇기 때문에 우리는 하나님의 말씀을 붙잡기만 하면 됩니다. 나의 구원, 나의 성공, 나의 복에 관한 약속의 말씀을 붙잡고 기도하면 반드시 이루어지게 되어 있습니다.

하나님이 주시는 기쁨과 회복

땅이 새롭게 되고 만물도 회복됨

"잣나무는 가시나무를 대신하여 나며 화석류는 찔레를 대신하여 날 것이라. 이것이 여호와의 기념이 되며 영영한 표징이 되어 끊어지지 아니하리라"(13절).

이 말씀은 일차적으로 이스라엘이 포로 귀환을 통해 회복될 것을 예언하는 말씀입니다. 또한 이 말씀은 우리가 하나님을 믿게 될 때, 이와 같은 회복과 복의 삶을 살게 될 것이라는 약속의 말씀입니다.

가시나무와 찔레는 저주와 심판의 상징입니다. 하나님이 땅을 저주하면 그 땅에 가시나무와 찔레가 무성하게 됩니다. 그러나 하나님께서 저주를 거두시고 복을 베푸시면, 저주의 땅에 무성했던 가시나무와 찔레가 사라지고 대신 그 땅에 잣나무와 화석류가 자라나게 됩니다. 잣나무는 곧고 높게 자라는 아름다운 나무입니다. 보기에도 시원하고, 잣이라는 귀한 열매를 사람들에게 맺어 줍니다. 화석류는 더 귀한 나무입니다. 9미터까지 자라는 나무로서 검푸른 잎에 아름다운 하얀 꽃과 열매를 맺습니다. 화석류 열매는 매우 귀한 향료 재료로서, 이 향료는 장막절에 사용되는 특별한 것입니다. 후대에 가서 유대교에서는 이 나무를 정의와 평화의 상징으로 사용하였습니다.

예수님의 위대한 초청에 응답해야 합니다

"수고하고 무거운 짐 진 자들아 다 내게로 오라 내가 너희를 쉬게 하리라. 나는 마음이 온유하고 겸손하니 나의 멍에를 메고 내게 배우라. 그리하면 너희 마음이 쉼을 얻으리니 이는 내 멍에는 쉽고 내 짐은 가벼움이라."

예수님의 초청의 말씀입니다. 지금 예수님께 나오시기 바랍니다. 무거운 짐을 예수님 앞에 내려놓으시기 바랍니다. 참된 안식과 회복을 얻게 될 것입니다.

오늘을 여러분의 인생이 새롭게 시작되는 날로 만드시기 바랍니다.

지금까지 가시밭길 인생과 찔레가 무성한 인생을 살아오신 분들은 오늘부터 잣나무와 화석류가 꽃과 열매를 맺는 인생으로 바꾸시기 바랍니다.

영혼의 갈증과 굶주림을 배부름과 만족으로 바꾸는 결단이 있기를 예수님의 이름으로 축복합니다.

2

그리스도의 비밀

본문 : 에베소서 3:1-13

아버지의 초대

이러므로 그리스도 예수의 일로 너희 이방을 위하여 갇힌 자 된 나 바울은... 너희를 위하여 내게 주신 하나님의 그 은혜의 경륜을 너희가 들었을 터이라 곧 계시로 내게 비밀을 알게 하신 것은 내가 이미 대강 기록함과 같으니 이것을 읽으면 그리스도의 비밀을 내가 깨달은 것을 너희가 알 수 있으리라 이제 그의 거룩한 사도들과 선지자들에게 성령으로 나타내신 것 같이 다른 세대에서는 사람의 아들들에게 알게 하지 아니하셨으니 이는 이방인들이 복음으로 말미암아 그리스도 예수 안에서 함께 후사가 되고 함께 지체가 되고 함께 약속에 참예하는 자가 됨이라 이 복음을 위하여 그의 능력이 역사하시는 대로 내게 주신 하나님의 은혜의 선물을 따라 내가 일꾼이 되었노라 모든 성도 중에 지극히 작은 자보다 더 작은 나에게 이 은혜를 주신 것은 측량할 수 없는 그리스도의 풍성을 이방인에게 전하게 하시고 영원부터 만물을 창조하신 하나님 속에 감추었던 비밀의 경륜이 어떠한 것을 드러내게 하려 하심이라 이는 이제 교회로 말미암아 하늘에서 정사와 권세들에게 하나님의 각종 지혜를 알게 하려 하심이니 곧 영원부터 우리 주 그리스도 예수 안에서 예정하신 뜻대로 하신 것이라 우리가 그 안에서 그를 믿음으로 말미암아 담대함과 하나님께 당당히 나아감을 얻느니라 그러므로 너희에게 구하노니 너희를 위한 나의 여러 환난에 대하여 낙심치 말라 이는 너희의 영광이니라

에베소서 3:1-13

02.
그리스도의 비밀

본문 : 에베소서 3:1-13

그리스도의 비밀은 아직도 베일에 싸여 있는가?

　　　　　10여 년 전에 류광수 목사 다락방이 교회를 어지럽게 한 적이 있습니다. 복음과 전도를 강조해서 많은 사람들이 관심을 가졌었습니다. 저도 관심을 가지고 다락방의 가르침을 자세히 살펴보았습니다. 제가 발견한 여러 문제 가운데 하나는 그가 '그리스도의 비밀'을 혼자 깨닫고 있다고 주장하는 태도였습니다. 저들은 공공연히 사도 바울 이래 '그리스도의 비밀'을 가장 정확히 깨달은 사람이 바로 류광수 목사라고 선전했습니다. 아직까지 '그리스도의 비밀'은 여전히 감추어져 있는데 자신이 그 비밀을 깨달았으니 자기에게 와서 이 비밀을 배워야 한다고 강조하였습니다. 그때 제가 많이 생각한 구절이 본문

말씀이었습니다.

과연 '그리스도의 비밀은 아직도 베일에 싸여 있는가?' '그리스도의 비밀이란 무엇인가?' 본문을 보면 이 그리스도의 비밀이 더 이상 감추어진 비밀이 아니라 성경을 통해서 모두 드러나 있다는 사실을 알게 됩니다.

한마디로 그리스도의 비밀은 교회입니다. 이 진리를 온전히 깨달을 때 교회가 얼마나 귀중한 것이며 영광스러운 것이며 능력이 있는 것인가를 알게 되어 교회를 더욱 사랑하게 됩니다. 본문을 통해 이 진리를 깊이 깨닫는 은혜가 있기를 바랍니다.

'그리스도의 비밀'을 깨달은 사도들(1-5절)

성경에는 '비밀'이라는 단어가 많이 나옵니다. '비밀'이란 감추어진 하나님의 뜻을 말합니다. 비밀 가운데 비밀은 바로 '그리스도의 비밀'입니다. 다른 비밀은 다 드러났지만 이 비밀만큼은 계속 감추어져 있었습니다. 비밀은 하나님께서 그 뜻을 계시해 주실 때 드러나게 되어 있습니다. 인간의 지혜나 노력으로 결코 알 수 없습니다. 드디어 하나님께서 이 비밀을 계시해 주셨습니다. 4절과 5절을 보시면, 바울을 포함한 '사도들과 선지자들'에게 성령님께서 계시해 주셨습니다. 여기서 말하는 '선지자들'은 초대교회에 있었던 선지자들을 말합니다.

이 비밀은 다른 세대에서는 전혀 계시해 주지 않았습니다. 메시야로 오실 예수 그리스도에 대한 예언은 구약에 여러 번 계시되었지만, '그리스도의 비밀'은 전혀 언급되어 있지 않았습니다. 약간의 힌트도 없었습니다. 완전히 감추어져 있었습니다. 9절에서 말하는 바와 같이 영원부터 하나님 속에 감추어져 있었습니다. 이 비밀을 드디어 바울과 사도들에게 계시해 주심으로 우리가 깨달을 수 있게 된 것입니다.

'그리스도의 비밀'의 내용(6-12절)

사도 바울은 6-12절에서 자신에게 계시해 준 '그리스도의 비밀'의 내용에 대해 설명하고 있습니다.
"이는 이방인들이 복음으로 말미암아 그리스도 예수 안에서 함께 상속자가 되고 함께 지체가 되고 함께 약속에 참여하는 자가 됨이라"(6절).
복음을 통하여 그리스도 예수 안에서 이방인들이 유대인과 함께 구원 받게 되는 것이 바로 비밀의 핵심입니다. 즉 교회라는 그리스도의 몸에 한 지체가 됨으로 하나님의 상속자가 되고

천국의 잔치에 참예하는 것이 비밀의 내용입니다.

이방인들이 선민 이스라엘 백성과 함께 동등하게 구원받고 어떤 조직에 구성원이 된다는 것은 도저히 이해할 수 없는 불가능한 일이었습니다. 모세 이후 약 1,500년 동안 내려온 전통과 생각을 버릴 수가 없었습니다. 그러기에 베드로는 이것을 잘 이해하지 못하여 여러 가지 실수를 범했던 것입니다.

여기서 우리가 주목할 것은 '복음으로 말미암아' 라는 구절입니다. 이방인들이 교회의 일원이 되는 것은 복음을 통해서입니다. 물론 유대인들도 마찬가지입니다. 예수 그리스도의 복음을 믿음으로 받아들이는 사람들은 누구든지 그리스도의 몸인 교회의 한 지체가 됩니다. 7절에서 사도 바울은 자신이 하나님의 은혜로 이 복음의 일꾼이 되었다고 고백하고 있습니다. 이 복음을 전할 사람이 필요한데 하나님의 은혜로 일꾼이 되었다는 것입니다.

사도 바울에게 은혜를 주신 세 가지 목적(8-10절)

사도 바울은 8절에서 "지극히 작은 자보다 더 작은 나에게 이 은혜를 주신" 목적에 대해 설명하고 있습니다. 그 목적은 세 가지로 요약할 수 있습니다.

첫째, 이방인들에게 측량할 수 없는 그리스도의 풍성함을 전하기 위해서입니다(8절).

예수님은 12제자를 길러 주로 유대인들에게 복음을 전하게 하셨고, 사도 바울은 이방인의 사도로 부르셨습니다. 그는 여기서 단순히 예수 그리스도를 전하기 위함이라 하지 않고, '측량할 수 없는 그리스도의 풍성함'을 전하기 위함이라고 말합니다. 그리스도의 부요함이 측량할 수 없을 만큼 크다는 뜻입니다. 우리가 알아가야 할 것은 그리스도의 비밀이 아니라 바로 이 그리스도의 부요함입니다. 얼마나 풍성한지를 알아가는 것이 우리에게 필요합니다. 아는 것만큼 그리스도를 깨닫고 그 안에 있는 복들을 누리게 되는 것입니다.

둘째, 교회라는 이 비밀의 경륜을 드러내기 위해서입니다(9절).

9절을 보시면 "영원부터 만물을 창조하신 하나님 속에 감추어졌던 비밀의 경륜이 어떠한 것을 드러내게 하려 하심이라"고 되어 있습니다. 교회라는 영원한 비밀의 경륜, 내용을 이방인들에게 가르쳐주기 위해서였습니다. 성도들이 교회

에 대해 이해하는 것이 매우 중요합니다. 이해하는 만큼 아끼고 사랑하게 됩니다. 그는 당대에 많은 사람들에게 이 비밀을 깨우쳐 주었습니다. 그리고 지금도 그가 직접 쓴 서신서들을 통해 우리에게 그 비밀을 이해할 수 있도록 해 주었습니다. 하나님은 그에게 엄청난 복과 기회를 주셨습니다. 그는 이것을 정확히 깨달았고, 그래서 늘 감사하고 찬송하였던 것입니다.

셋째, 하늘에 있는 통치자들과 권세들에게 하나님의 각종 지혜를 알게 하려 하심입니다(10절).

이것은 매우 놀라운 말씀입니다. 통치자들과 권세들이란 천사들을 말합니다. '그리스도의 비밀'은 인간들에게 뿐 아니라 천사들에게도 감추어졌던 비밀이었습니다. 하나님의 천사는 물론 타락한 천사들인 사탄과 귀신들에게도 비밀이었습니다. 구약에 이방인들이 구원 받게 될 것이라는 예언은 있었습니다. 그러나 이방인들이 유대인과 똑같이 새로운 피조물이 되어 한 몸 된 교회를 이룬다는 예언은 전혀 없었습니다. 하나님 외에는 천사도 마귀도 모르는 비밀이었습니다. 이 비밀에는 하나님의 각종 지혜가 담겨 있습니다. 교회 안에 하나님의 지혜가 풍성하게 담겨있다는 것은 보통 놀라운 일이 아닙니다. 그 지혜가 교회를 통하여 천사들에게 알 수 있게 하셨습니다.

4. 교회의 세 가지 중심성

마지막으로 살펴 볼 것은 교회의 세 가지 중심성입니다. 오늘 본문 속에는 굉장한 교회의 중심성 세 가지를 가르쳐 주고 있습니다.

첫째, 교회는 역사의 중심입니다.

이제 드러난 비밀은 그리스도를 통하여 새로운 피조물이 된 사람들이 종족과 국가를 초월하여 하나가 된 교회가 그리스도와 함께 온 우주를 통치하게 된다는 것입니다. 물론 지금도 하나님은 교회를 통하여 역사를 주관하고 계십니다. 교회는 역사의 중심 역할을 하고 있습니다.

둘째, 교회는 복음의 중심입니다.

에베소서가 우리에게 가르쳐 주는 것은 완전한 복음이란 예수 그리스도의 구원자 되심과 교회의 비밀을 함께 전하는 것입니다. 예수님은 한 인간이 구원 얻는 것이 목적이 아니라, 거듭난 성도들이 함께 자신의 몸의 지체가 되어 온전한 교회를 이루는 것이 궁극적 목적입니다. 따라서 복음을 전할 때 교회도 함께 강조되어야 합니다.

셋째, 교회는 성도들의 삶의 중심입니다.

이제 거듭난 성도들은 교회를 떠나서는 존재할 수 없게 되었습니다. 언제나 그리스도에 붙어 있어야 하기 때문입니다. 요한 칼빈은 『기독교강요』에서 "교회는 성도들의 어머니"라고 하며 이렇게 말했습니다: "하나님께서는 이 교회의 품 속으로 자녀들을 모으시기를 기뻐하셨는데, 이는 그들이 유아와 어린아이일 동안 교회의 도움과 봉사로 양육 받을 뿐 아니라 어머니와 같은 교회의 보호와 지도를 받아 성인이 되고 드디어는 믿음의 목적지에 도달하게 하시려는 것이다. …… 하나님이 아버지가 되는 사람에게는 교회가 어머니가 되어야 한다."(제3권 p.3). 이렇게 교회를 떠나는 것은 언제나 비참한 결과를 초래한다고 주장하였습니다. 교회생활과 교회에 대한 봉사생활은 선택사항이 아니라 필수사항인 것을 인식해야 합니다. 이 비밀과 중요성을 깊이 깨달은 사도 바울은 이 교회와 복음을 위하여 목숨도 아끼지 아니하였습니다.

그리스도의 비밀인 교회의 신비

13절은 매우 놀라운 구절입니다: "그러므로 너희에게 구하노니 너희를 위한 나의 여러 환난에 대하여 낙심하지 말라 이는 너희의 영광이니라."

그는 앞에서 교회의 신비에 대해 설명하였습니다. 영원한 비밀이었던, '그리스도의 비밀' 교회에 대해 설명하였습니다. 그는 결론으로 13절을 말합니다.

자신의 환난에 대해 낙심하거나 걱정하지 말라고 합니다. 왜냐하면 환난은 이방인들의 영광이기 때문입니다. 복음을 전하고 교회를 세워서 더 많은 사람들이 교회의 일부가 됨으로 영원한 하나님의 계획이 더욱 성취되어가는 것을 보기 때문입니다.

교회는 성도들에게 생명을 주는 곳입니다. 교회는 성도들에게 복을 주는 통로입니다. 교회는 성도들을 보호하는 하나님의 요새입니다.

교회를 더욱 사랑하고 교회를 통해 주시는 어머니의 사랑과 양육의 복을 풍성히 누리시는 삶을 사시길 예수님의 이름으로 축복합니다.

3

좁은 문으로 들어가라
본문 : 마태복음 7:13-14

아버지의 초대

좁은 문으로 들어가라 멸망으로 인도하는 문은 크고 그 길이 넓어 그리로 들어가는 자가 많고 생명으로 인도하는 문은 좁고 길이 협착하여 찾는 이가 적음이니라

본문 : 마태복음 7:13-14

03.
좁은 문으로 들어가라

본문 : 마태복음 7:13-14

산상수훈의 적용 말씀

마태복음 5장부터 7장까지는 예수님의 가르침이 기록되어 있습니다. 일명 '산상수훈'이라고 합니다. 산상수훈은 그리스도인들이 어떻게 살아야 하는지, 그리스도인의 성품은 무엇인지에 대해 잘 설명해 주고 있습니다. "남에게 대접을 받고자 하는 대로 너희가 남을 대접하라"는 이 '황금률'이 교훈의 결론이라고 할 수 있습니다.

7장 13절부터 마지막 절까지는 산상수훈의 적용부분에 해당됩니다. 예수님께서 귀한 가르침을 다 주신 후에 사람들에게 결단을 촉구하는 말씀입니다. 이 말씀대로 순종하며 살 것을 선택하라는 권면입니다: "좁은 문으로 들어가라 멸망으로 인도하는

문은 크고 그 길이 넓어 그리로 들어가는 자가 많고, 생명으로 인도하는 문은 좁고 길이 협착하여 찾는 이가 적음이라"

두 가지 문, 두 가지 길

예수님은 우리의 인생길을 두 가지 길로 나누고 있습니다. 좁은 길과 넓은 길입니다. 좁은 길은 생명으로 인도하는 길인데 반하여, 넓은 길은 멸망으로 인도하는 길입니다. 그런데 그 길은 각각 문을 먼저 들어가게 되어 있습니다. 좁은 문은 좁은 길로 가는 관문이며, 큰 문은 넓은 길로 가는 관문입니다.

성경은 늘 인생길을 두 가지라고 말씀하고 있습니다. 예레미야 21장 8절에 "보라 내가 너희 앞에 생명의 길과 사망의 길을 두었노라"라고 하셨으며, 신명기 30장 19절에도 "내가 오늘 하늘과 땅을 불러 너희에게 증거를 삼노라 내가 생명과 사망, 복과 저주를 네 앞에 두었은즉 너와 네 자손이 살기 위하여 생명을 택하고"라고 하셨습니다. 시편 1편에서는 의인의 길과 악인의 길이 있음을 말씀하셨습니다. 세상 사람들은 누구나 이 두 가지 길 가운데 한 가지 길을 선택하여 갈 수밖에 없습니다. 주님은 우리에게 생명의 길, 의인의 길인 좁은 문으로 들어가라고 명령하시고 있습니다.

좁은 문으로 들어가는 것의 의미

'좁은 문으로 들어가라'는 주님의 말씀에는 몇 가지 의미가 담겨 있습니다. 크게 세 가지로 말씀드릴 수 있습니다.

첫째, 시작부터 좁은 길이라는 뜻입니다

믿음의 길, 성도의 길은 시작부터 좁은 길이라는 뜻입니다. 여기서 말하는 좁은 문은 한 사람이 겨우 들어갈 수 있는 매우 작은 문입니다. 허리를 숙이고, 간신히 몸이 빠져 나갈 수 있는 쪽문 같은 것입니다. 크리스천의 삶은 처음에는 넓은 길로 가다가 나중에 좁은 길이 되는 것이 아니라, 처음부터 끝까지 좁은 길입니다.

둘째, 세속성을 버리는 것이라는 뜻입니다

좁은 문으로 들어가라는 말씀의 두 번째 의미는 '세속성을 버리라'는 것입니다. 대다수의 사람들이 살고 있는 삶의 방식을 따르지 않는 것입니다. 세상의 풍조와 가치관을 멀리하는 것입니다. 세상과 결별하는 것이고, 대중들과 결별하는 것입니다. 요한일서 2장 15, 16절에 "이 세상이나 세상에 있는 것들을 사랑하지 말라 누구든지 세상을 사랑하면 아버지의 사

랑이 그 속에 있지 아니하니 이는 세상에 있는 모든 것이 육신의 정욕과 안목의 정욕과 이생의 자랑이니 다 아버지께로부터 온 것이 아니요 세상으로부터 온 것이라"라고 말씀하신 것이 바로 이것을 뜻하는 것입니다.

넓은 문은 들어가는 사람이 많다고 했습니다. 바로 대다수의 세상 사람들이 가고 있는 길을 말하는 것입니다. 세상은 전통, 습관, 관습으로 가득 차 있고 사람들은 여기에 동화되려고 무진 애를 쓰고 있습니다. 이것을 바로 유행이라고 하는 것입니다. 유행 따라 살지 않으면 시대에 뒤쳐진 사람, 낙오자가 되고 말 것이라는 위기감을 갖고 있습니다. 세상 것에는 유행이 있습니다. 대표적인 것이 옷입니다. 프랑스 파리나 뉴욕을 패션의 중심이라고 하는데, 여기서 유행이 시작됩니다. 유행을 따라 여자들의 치마폭이 올라갔다 내려갔다 합니다. 남자들도 유행이 있습니다. 넥타이에도 유행이 있어 폭이 넓어졌다 줄어졌다 하고 길이가 길어졌다 짧아졌다 하면서 유행을 만들어 냅니다.

'좁은 문으로 들어가라'는 말은 단지 유행을 따르지 말라는 뜻이 아닙니다. 좀 더 심오한 뜻이 있습니다. 세상의 가치관, 세상의 기준을 따라 살지 말라는 것입니다. 돈과 명예와 권력, 그리고 쾌락을 추구하는 가치관을 멀리하라는 것입니다.

셋째, 자아를 버리는 것이라는 뜻입니다

　　　　　　세 번째 의미는 '자아를 버리는 것'입니다. 예수님께서 말씀하시기를, "누구든지 나를 따라오려거든 자기를 부인하고 자기 십자가를 지고 나를 따를 것이니라"고 하셨습니다. '자기를 부인하는 것'이 바로 신앙생활의 첫걸음입니다. 자기 정욕, 자기 욕심, 자기중심적 태도를 버리는 것입니다. 앞에서 주님이 말씀하셨습니다: "누구든지 네 오른편 뺨을 치거든 왼편도 돌려대며, 억지로 오 리를 가게 하거든 그 사람과 십 리를 동행하고, 원수를 사랑하며 너희를 박해하는 자를 위하여 기도하라." 이런 말씀들은 나를 부인하지 않고는 불가능한 일들입니다. 자아를 버리는 것은 자기를 낮추는 것이고 겸손해지는 것입니다.

　'한국의 슈바이처'라는 별명을 가졌던 장기려 박사님은 한국교회의 자랑이라고 할 수 있습니다. 평생 어렵고 가난한 이들을 위해 인술을 베풀며 사신 분입니다. 치료비가 없어 퇴원하지 못하는 환자에게 몰래 병원 뒷문을 열어주고 도망가게 한 적도 여러 번 있었다고 합니다. 1951년 부산에서 교회창고를 빌려 복음병원을 세우고 피난민과 전상자들을 돕기 시작했습니다. 1976년에는 '청십자병원'을 설립하여 무료진료를 실시하였습니다.

철저한 희생과 봉사의 삶을 살다간 '이 땅의 작은 예수'였습니다. 이 분은 북한에 사랑하는 아내와 다섯 남매를 두고 월남한 후, 돌아가실 때까지 45년간 재회의 날을 기다리며 혼자 사신 분입니다. 돌아가시기 몇 년 전인 1991년에 미국에 있는 조카를 통해 북한에 있는 부인의 편지와 가족사진을 받았고, 가세드테이프 한 개를 전달받았는데, 거기에는 부인이 부른 '울밑에 선 봉선화야' 노래와 '통일이 될 때까지 죽지 말고 꼭 살아 달라'는 간절한 육성이 담겨져 있었습니다. 그러나 결국 만나지는 못하고 하늘나라로 가셨습니다. 그 분이 평생 동안 가난한 이들을 위해 사랑을 베풀며 살았고, 45년 긴 세월동안 아내와 가족을 기다리며 혼자 살 수 있었던 것은 철저한 자기부정이 있었기 때문입니다.

좁은 문으로 들어가는 방법

그러면 우리가 어떻게 해야 좁은 문으로 들어갈 수 있습니까? 세 가지를 해야 합니다.

첫째, 좁은 문으로 들어가기로 결심해야 합니다.

우리 앞에 놓여 있는 두 가지 문 가운데 생명으

로 인도하는 좁은 문으로 들어가기로 결심하고 결단하는 일이 선행되어야 합니다. 내가 원하지 않으면 안 됩니다. 인간적으로는 모든 사람들이 쉽게 걸어가고 있는 큰 길에 마음이 끌립니다. 그 길이 편한 길입니다. 즐거움도 있는 길입니다. 그러나 장기적으로 보아야 합니다. 이 땅에서 세상 즐거움과 쾌락을 누리며 살지만 후에 멸망당할 것인가, 아니면 비록 이 땅에서 세상 즐거움은 포기해야 하지만 후에 영원한 생명을 얻는 삶을 택할 것인가 신중히 생각하고 결정해야 합니다.

둘째, 좁은 문을 찾아야 합니다.

좁은 문으로 들어가기로 결심한 후에는 부지런히 그 문을 찾아다녀야 합니다.

본문은 이 점을 분명히 가르쳐 주고 있습니다: "넓은 문은 들어가는 사람이 많지만, 좁은 문은 찾는 이가 적다." 넓은 문은 굳이 찾아다닐 필요가 없습니다. 그냥 훤하게 보입니다. 많은 사람들이 걸어가고 있는 길을 그냥 따라가면 됩니다. 그러나 좁은 문은 다릅니다. 어디 있는지 잘 보이지 않습니다. 그것을 찾는 사람도 별로 없습니다. 그래서 주님께서 넓은 문으로 '들어가는' 사람은 많지만, 좁은 문을 '찾는' 사람은 적다고 표현하신 것을 주의해 보아야 합니다.

본문과 비슷한 말씀이 누가복음 13장 23-24절에 기록되어 있습니다: "어떤 사람이 여짜오되 주여 구원을 받는 자가 적으니이까 그들에게 이르시되 좁은 문으로 들어가기를 힘쓰라 내가 너희에게 이르노니 들어가기를 구하여도 못하는 자가 많으리라"

"좁은 문으로 들어가기를 힘쓰라, 들어가기를 구하여도 못하는 자가 많을 것이다."고 주님이 말씀하셨습니다. 누가복음 13장이 바로 '좁은 문은 찾아야 됨'을 강조하고 있는 것입니다. '들어가기를 구하여도 못하는 자가 많기 때문에 들어가기를 힘써야 한다'는 것입니다.

천국을 값진 진주를 구하는 한 장사에 비유한 주님의 말씀이 바로 이 점을 설명하고 있습니다. 값진 진주처럼 천국도 부지런히 찾아다니고 얻기 위해 힘써야 됩니다. 믿음의 선배들을 보면 이 점이 분명해집니다. 쉽게 믿음의 도에 이른 분이 없습니다. 참된 진리, 생명의 도를 찾아 그들은 전심으로 노력했습니다. 마틴 루터가 그랬습니다. 그는 수도사로서 기도와 금식과 말씀 공부와 고행에 힘썼습니다. 구원의 도에 이르기 위해 모든 노력을 경주하였습니다. 결국 하나님의 은혜로 오직 믿음으로 의롭게 되어 구원의 길에 이른다는 진리를 깨닫게 되었습니다.

아직 좁은 문에 들어가지 못하신 분들은 부지런히 찾아야 합니다. 열심히 기도하며 열심히 설교를 듣고 성경을 연구하며 생명으로 인도하는 좁은 문이 무엇인지 찾아야 합니다.

셋째, 좁은 문을 찾은 다음에는 그 문으로 주저하지 말고 들어가야 합니다.

예수 그리스도가 유일한 구세주가 되신다는 진리를 깨달은 분들 가운데, 예수님을 영접하는 일을 자꾸 뒤로 미루는 분들이 있습니다. 좁은 문으로 들어가기를 망설이고 있는 분들입니다. 세상적으로 너무 포기할 것이 많은 분들입니다. 지금까지 쌓아온 재산이나 명예를 다 잃어버려야 한다는 두려움 때문에 주저하는 것입니다. 또는 세상 즐거움을 모두 포기하고 고리타분하게 살아야 된다는 염려 때문에 주저하는 분도 있습니다. 예수 믿기로 결심하면, 매주일 교회에 나가야 되니, 주일날 어디 하고 싶은 일을 할 수 없게 되고, 헌금을 내야 하니 경제적으로 손해를 보게 될 것이라고 생각하는 것입니다.

그러나 분명한 것은 이런 것들을 다 끊고 포기해야 합니다. 그래서 예수 믿는 것이 좁은 문으로 들어가고 좁은 길로 걸어가는 것입니다. 결코 세상과 예수님을 동시에 선택할 수 없습니다. 세상에서 즐거움도 누리며 예수님도 잘 믿는 길은 없습니다.

좁은 길이 가장 행복한 길

　　　　　　사람은 누구나 죽게 되어 있습니다. 임종할 때의 모습을 보면 그 분이 천국에 갔는지, 아니면 지옥에 갔는지 대부분 알 수 있습니다. 평생 믿음으로 살다 간 분들은 얼굴에 평안함이 있습니다. 그러나 하나님을 믿지 않고 세상 쾌락을 따라 사셨던 분들은 얼굴에 평화가 없고 불안이 있습니다. 얼굴이 무섭습니다.

　예수님을 믿는다는 것은 좁은 문으로 들어가는 것입니다. 자기를 부인하고 포기하는 것입니다. 자기 십자가를 지는 고생의 길입니다. 그러나 영광의 길이요, 생명의 길입니다. 고달프거나 한숨과 좌절의 길이 아닙니다. 마음에는 말할 수 없는 평화와 기쁨, 감사와 찬송이 넘치는 행복한 길입니다. 한 번 들어서면 결코 후회하지 않는, '정말 이 길 선택하길 잘했다'고 날마다 하나님께 감사하며 가는 길입니다. 이 길을 걸어간 사람 가운데 실망하고 후회한 믿음의 선배는 하나도 없었습니다. 영원히 사는 길로 인도하는 좁은 문으로 들어가는 삶을 사시길 예수님의 이름으로 축복합니다.

4

신앙은 항상 긍정입니다

본문 : 마가복음 9:14-29

아버지의 초대

저희가 이에 제자들에게 와서 보니 큰 무리가 둘렀고 서기관들이 더불어 변론하더니 온 무리가 곧 예수를 보고 심히 놀라며 달려와 문안하거늘 예수께서 물으시되 너희가 무엇을 저희와 변론하느냐 무리 중에 하나가 대답하되 선생님 벙어리 귀신 들린 내 아들을 선생님께 데려왔나이다 귀신이 어디서든지 저를 잡으면 거꾸러져 거품을 흘리며 이를 갈며 그리고 파리하여 가는지라 내가 선생의 제자들에게 내어쫓아 달라 하였으나 저희가 능히 하지 못하더이다 대답하여 가라사대 믿음이 없는 세대여 내가 얼마나 너희와 함께 있으며 얼마나 너희를 참으리요 그를 내게로 데려오라 하시매 이에 데리고 오니 귀신이 예수를 보고 곧 그 아이로 심히 경련을 일으키게 하는지라 저가 땅에 엎드러져 굴며 거품을 흘리더라 예수께서 그 아비에게 물으시되 언제부터 이렇게 되었느냐 하시니 가로되 어릴 때부터니이다 귀신이 저를 죽이려고 불과 물에 자주 던졌나이다 그러나 무엇을 하실 수 있거든 우리를 불쌍히 여기사 도와 주옵소서 예수께서 이르시되 할 수 있거든이 무슨 말이냐 믿는 자에게는 능치 못할 일이 없느니라 하시니 곧 그 아이의 아비가 소리를 질러 가로되 내가 믿나이다 나의 믿음 없는 것을 도와주소서 하더라 예수께서 무리의 달려 모이는 것을 보시고 그 더러운 귀신을 꾸짖어 가라사대 벙어리 되고 귀먹은 귀신아 내가 네게 명하노니 그 아이에게서 나오고 다시 들어가지 말라 하시매 귀신이 소리지르며 아이로 심히 경련을 일으키게 하고 나가니 그 아이가 죽은 것 같이 되어 많은 사람이 말하기를 죽었다 하나 예수께서 그 손을 잡아 일으키시니 이에 일어서니라 집에 들어가시매 제자들이 종용히 묻자오되 우리는 어찌하여 능히 그 귀신을 쫓아내지 못하였나이까 이르시되 기도 외에 다른 것으로는 이런 유가 나갈 수 없느니라 하시니라

본문 : 마가복음 9:14-29

04.
신앙은 항상 긍정입니다

본문 : 마가복음 9:14-29

절망의 끝자락에서...

　　　　　　자식이 병에 걸려 고통당하는 것처럼 부모에게 괴로운 일이 없습니다. 모든 수단과 방법을 동원해서 그 병을 고쳐줄려고 애를 씁니다. 그런데 그 병이 의학으로는 고칠 수 없는 불치병일 경우에는 더더욱 절망할 수밖에 없습니다.

　하루는 이런 문제를 가지고 있는 한 사람이 예수님을 찾아왔습니다. 아들을 데려 왔는데 간질병 환자입니다. 발작하면 거품을 흘리고 눈이 돌아가고 근육경련이 일어나고 거의 반쯤 죽었다가 깨어납니다. 그런데 이 병은 귀신이 들려 생긴 병이었습니다. 어릴 때부터 귀신이 이 아이를 죽이려고 여러 번 불에도 집어넣고 물에도 빠뜨리곤 했습니다. 그러나 그때마다 기적적으로 아이가 살아났습니다. 이 아이가 얼마나 불쌍한지 모릅니다. 그런데 더 기가 막힌 것은 이 아이가 하나뿐인 외아들인 것입니다. 별의 별 방법을 다 써봤으나 아무 소용이 없었습니다. 귀신 들린 것은 의학으로 고칠 수 없습니다. 만일 여러분이 이런 경우를 당했다면 어떻게 하시겠습니까? 이 사람은 예수님의 소문을 듣고 찾아왔습니다. 예수님이 나병도 고치고, 앉은뱅이도 고쳤다는 소문을 듣고 아들도 고칠 수 있겠다는 소망을 가지고 찾아온 것입니다.

신앙은 항상 긍정입니다

'할 수 있거든'의 태도를 버리십시오

예수님께서 아이를 내게 데려오라고 말씀하십니다. 아버지가 아이를 예수님 앞에 데려오자 귀신이 발작을 일으키게 합니다. 심한 경련을 일으키고 넘어지더니 이리저리 뒹굴면서 돌아다닙니다. 입에서 거품이 나옵니다. 예수님께서 언제부터 이렇게 되었느냐고 묻자 어릴 때부터라고 대답합니다. 그러면서 22절에서 이렇게 대답합니다: "귀신이 그를 죽이려고 불과 물에 자주 던졌나이다 그러나 무엇을 하실 수 있거든 우리를 불쌍히 여기사 도와주옵소서." 이 때 예수님이 책망하며 말씀

합니다. "예수께서 이르시되 할 수 있거든이 무슨 말이냐 믿는 자에게는 능히 하지 못할 일이 없느니라"(23절).

예수님이 책망하신 이유

그 아이의 아버지가 크게 잘못한 것이 없는 것 같은데, 예수님은 심하게 책망하셨습니다. 평소에 관대하셨던 예수님답지 않은 모습입니다. 예수님은 베드로에 대해서, 유다에 대해서 길이 참으시고 용서하셨습니다. 제자들이 실수해도 나무라지 않으셨습니다. 큰 잘못과 허물도 용서해 주셨습니다. 그런데 왜 여기서는 이렇게 화를 내시며 책망하십니까?

'무엇을 하실 수 있거든' 이 문제입니다. 겸손한 표현으로 볼 수 있습니다. 그러나 예수님께 합당하지 않은 말입니다. 영어로 보면 더 분명해집니다. "If you can do anything"(당신이 어떤 일이든지 할 수만 있다면…). 예를 들어 귀신을 완전히 쫓아내지는 못한다 해도, 간질증세만이라고 없앨 수 있다면, 또는 하루에 두세 번 발작하는 일을 한 번으로 줄여 줄 수만 있다면 등의 뜻이 되겠지요.

예수님은 전능하신 분입니다. 할 수 있는 일이 있고, 할 수 없는 일이 있는 분이 아닙니다. 이 사람은 예수님이 누군지 확실히 모르고 있습니다. 모든 일을 할 수 있는 분에게 "어떤 일이라

도 할 수 있다면" 이런 말처럼 모욕적인 언사가 없습니다. 믿는 성도들도 이런 잘못을 범할 수 있습니다. "주님, 할 수만 있다면 이렇게 해 주십시오." 이것은 겸손이 아니라 불신앙입니다. "주님의 뜻이면…" 이렇게 기도하는 것이 옳습니다.

신앙과 긍정의 관계

"할 수 있거든이 무슨 말이냐 믿는 자에게는 능히 하지 못할 일이 없느니라."

우리가 늘 기억할 것은 "믿는 자에게는 능히 하지 못할 일이 없다"는 말씀입니다. 믿는 성도들에게는 모든 것이 가능합니다. 불가능한 일이 없습니다. 예수님께서는 불치병이 없기 때문에 믿음의 성도에게도 불치병이 없습니다. 예수님께서는 해결하지 못할 문제가 없기 때문에 믿음의 성도에게도 해결하지 못할 문제가 없습니다. 현재 해결이 안 된 상태로 계속 있는 것은 거기에 하나님의 뜻이 있기 때문입니다. 저는 교회에서 "그것은 이래서 안 됩니다. 저래서 안 됩니다." 하는 말처럼 듣기 싫은 말이 없습니다. 늘 부정적인 이유를 갖다 대면서 반대의견을 말하는 사람이 있습니다. 저는 이런 사람이 싫습니다. 저만 싫어하는 것이 아니라 하나님도 싫어하십니다. 하나님은 긍정적인 사람을 쓰십니다. 부정적인 사람은 절대 쓰시지 않습니다. 하나님이 된다고 하시고, 하겠다고 하시는데, 사람이 안 된다고 하면 그 사람이 어디에 쓸모가 있겠습니까?

우리 믿는 자들에게는 '이것이 하나님의 뜻이냐 아니냐' '지금이 하나님의 때냐 아니냐'에 관한 문제지, '할 수 있느냐 없느냐'의 문제는 아닙니다.

지금까지 아프리카 사람 수억 명에게 복음을 전한 대전도자 라인하르트 본케 목사의 이야기입니다. 하루는 그에게 하나님께서 가장 큰 대형 집회용 천막을 만들라는 마음을 주셨지만, 수중에 돈이 별로 없었습니다. 그래서 주님께 "주님, 저는 가난한 선교사입니다. 보십시오. 제 주머니는 텅 비었습니다."라고 하였습니다. 그러자 "너의 주머니에 있는 것으로 나의 일을 계획하지 말고 내 주머니에 있는 것으로 계획하여라."는 하나님의 응답의 말씀을 듣고 나서 주님의 주머니를 살펴보았을 때, 그 주머니가 가득하다는 것을 알았습니다. 그래서 본케 목사는 이렇게 기도했습니다: "주님, 제가 계획을 세울 때에 주님의 주머니에 있는 것으로 계획을 짜는 것을 허락하신다면, 저는 백만장자처럼 주님의 일을 계획하겠습니다." 그 때부터 그는 주님의 주머니의 풍요함을 가지고 일을 계획하고 추진해 나갔습니다. 그는 지금은 3만 4천석의 대형 이동용 천막을 만들어, 많은 집회 때마다 사용하고 있습니다.

부부간에 서로 긍정의 말을 사용하자

부부 사이의 대화에 부정적인 말이 들어올 틈을 주지 말아야 합니다. 부부 중의 한 사람이 부정적인 말을 하면, 즉시 다른 사람이 막아야 합니다. 아내가 부정적으로 말하면, 남편이 중지시키고, 남편이 부정적으로 말하면 아내가 중지시키시기 바랍니다. 그것이 가정을 지키고 복을 받는 길입니다.

기도는 모든 문제를 해결해 줍니다

아이의 아버지가 아들을 처음 데려왔을 때, 예수님은 산에 올라가 계신 중이었고 제자들만 있었습니다. 제자들이 귀신을 쫓아내려고 애를 썼지만 내쫓지 못했습니다. 나중에 제자들이 집에 들어갔을 때 조용히 예수님께 그 이유를 물었습니다. 예수님께서 29절에서 이렇게 대답합니다: "이르시되 기도 외에 다른 것으로는 이런 종류가 나갈 수 없느니라 하시니라."

제자들이 전에는 귀신을 쫓아냈었지만, 이번에 못한 것은 그들이 기도하지 않았기 때문입니다. 아무리 하나님의 능력을 받았어도 계속 기도하지 않으면 그 능력이 발휘되지 않습니다. 늘 기도에 힘써야 합니다.

요한 웨슬리 목사는 이런 말을 했습니다: "하나님께서는 우리의 기도를 통하여 모든 일을 행하시며, 우리의 기도가 없으면 아무런 일도 행하지 않으신다."

신약성경에만 기도에 관한 분명한 언급이 217회나 나옵니다. 기도는 믿음이라는 혈관에 산소를 공급하는 것과 같습니다.

귀신을 쫓아내는 것은 기도 밖에 없습니다. 귀신들린 사람을 고쳐줄 수 있는 길은 기도 밖에 없습니다. 자녀의 불치병을 고칠 수 있는 길은 기도 외에 없습니다. 여러분이 어떤 문제를 가지고 있건 간에 기도하면 다 해결될 수 있습니다.

기도 응답에 관한 약속의 말씀들을 큰 소리로 읽어 보시기 바랍니다.

"너는 내게 부르짖으라 내가 네게 응답하겠고 또 네가 알지 못하는 크고 비밀한 일을 보이리라"(렘 33:3).

"너희가 기도할 때에 무엇이든지 믿고 구하는 것은 다 받으리라"(마 21:22).

"너희가 내 안에 거하고 내 말이 너희 안에 거하면 무엇이든지 원하는 대로 구하라 그리하면 이루리라"(요 15:7).

오랜 인내가 요구되는 기도

그러나 때때로 기도해도 바로 응답되지 않는 경우가 있습니다. 오랜 인내가 요구되는 기도가 있습니다. 다윗이 이런 기도를 많이 했습니다. "내가 여호와를 기다리고 기다렸더니 귀를 기울이사 나의 부르짖음을 들으셨도다 나를 기가 막힐 웅덩이와 수렁에서 끌어올리시고 내 발을 반석 위에 두사 내 걸음을 견고하게 하셨도다"(시 40:1-2). 이 시는 아들 압살롬이 반란했을 때를 배경으로 한 시입니다.

고난이 길고, 기도가 길면, 응답의 복도 길고 큰 법입니다. 하나님께서 큰 은혜를 주시기 위해 어렵고 긴 고난을 주셨다고 생각하며 계속 인내하며 기도하시기 바랍니다.

겸손한 자가 기도합니다

기도는 겸손한 사람이 합니다. 내가 부족하다고 느낄 때 하나님 앞에 나아가 기도합니다. 모든 것이 잘 되고 있고, 부족한 것이 없을 때 우리는 기도하지 않습니다. 아쉬울 때만 하나님께 기도합니다. 이것이 우리의 모습입니다. 전심으로 하나님을 의지하는 모습이 아닙니다. 겸손하지 않다는 증거입니다. 하나님은 겸손한 자를 기뻐하시고, 겸손한 자를 높이시고, 겸손한 자를 사용하십니다.

또한 기도는 믿음이 있는 사람이 합니다. 하나님이 기도를 들으시고 응답해 주신다는 믿음이 있어야 기도합니다.

다시 기도로 돌아갑시다

제자들은 이 교훈을 깊이 간직했습니다. 사도행전을 보면, 제자들은 예수님 승천 이후 사역을 하면서 늘 기도에 힘썼음을 알 수 있습니다. 예루살렘 교회가 급성장하면서 일이 많아져서 사도들은 너무 바빴습니다. 몸은 피곤했고 부지런히 뛰었지만 사역의 열매는 별로 없었습니다. 오히려 문제가 여기저기서 터졌습니다. 이 때 그들은 깨달았습니다. 사역에 바빠서 기도를 게을리 한 것을 회개했습니다. 그리고는 결심합니다: "우리는 오로지 기도하는 일과 말씀 사역에 힘쓰겠습니다." 삶이 바빠지면 기도생활이 무너집니다. 이 때 위기가 찾아옵니다.

오늘부터 다시 기도생활을 시작합시다. 기도는 하나님 보좌 앞에 나아가는 것입니다. 하나님의 보좌는 능력의 근원, 사랑의 근원, 지혜의 근원입니다. 그 곳에서 능력과 지혜와 사랑을 받아오는 것이 기도입니다. 젊을 때부터 기도에 힘쓰시기 바랍니다. 기도보다 더 좋은 일이 없습니다. 기도보다 더 즐거운 일이 없습니다. 기도보다 더 복된 일이 없습니다.

우리가 기도하면 즉시 천국의 천사들이 받아서 하나님께 올려 드립니다.

"그 어린 양이 나아와서 보좌에 앉으신 이의 오른손에서 두루마리를 취하시니라 그 두루마리를 취하시매 네 생물과 이십사 장로들이 그 어린 양 앞에 엎드려 가가 거문고와 향이 가득한 금 대접을 가졌으니 이 향은 성도의 기도들이라"(계 5:7, 8).

"또 다른 천사가 와서 제단 곁에 서서 금 향로를 가지고 많은 향을 받았으니 이는 모든 성도의 기도와 합하여 보좌 앞 금 제단에 드리고자 함이라 향연이 성도의 기도와 함께 천사의 손으로부터 하나님 앞으로 올라가는지라"(계 8:3, 4).

1

생각하는 갈대

본문 : 이사야 40:3-11

아버지의 동행

외치는 자의 소리여 가로되 너희는 광야에서 여호와의 길을 예비하라 사막에서 우리 하나님의 대로를 평탄케 하라 골짜기마다 돋우어지며 산마다, 작은 산마다 낮아지며 고르지 않은 곳이 평탄케 되며 험한 곳이 평지가 될 것이요 여호와의 영광이 나타나고 모든 육체가 그것을 함께 보리라 대저 여호와의 입이 말씀하셨느니라 말하는 자의 소리여 가로되 외치라 대답하되 내가 무엇이라 외치리이까 가로되 모든 육체는 풀이요 그 모든 아름다움은 들의 꽃 같으니 풀은 마르고 꽃은 시듦은 여호와의 기운이 그 위에 붊이라 이 백성은 실로 풀이로다 풀은 마르고 꽃은 시드나 우리 하나님의 말씀은 영영히 서리라 하라 아름다운 소식을 시온에 전하는 자여 너는 높은 산에 오르라 아름다운 소식을 예루살렘에 전하는 자여 너는 힘써 소리를 높이라 두려워 말고 소리를 높여 유다의 성읍들에 이르기를 너희 하나님을 보라 하라 보라 주 여호와께서 장차 강한 자로 임하실 것이요 친히 그 팔로 다스리실 것이라 보라 상급이 그에게 있고 보응이 그 앞에 있으며 그는 목자 같이 양무리를 먹이시며 어린 양을 그 팔로 모아 품에 안으시며 젖먹이는 암컷들을 온순히 인도하시리로다

본문 : 이사야 40:3-11

01.
생각하는 갈대

본문 : 이사야 40:3-11

나는 왜 사는가?

"인생이란 무엇인가? 왜 사는가?"

젊은 시절에 한 번씩 심각하게 고민하는 질문입니다.

그런데 이 질문은 젊을 때 한번으로 끝나는 것이 아니라, 인생 사는 동안 여러 차례 반복해서 우리에게 찾아옵니다.

정말 인생이란 무엇입니까?

왜 살고 있습니까?

사는 이유가 확실하게 만족스럽습니까?

본문 말씀을 중심으로 그 해답을 찾아보고자 합니다.

풀과 같은 인생

풀처럼 연약한 존재 (6절)

본문은 이사야 선지자가 하나님께로부터 받은 예언의 말씀입니다.

이사야 40장은 이사야서 전체에서 중요한 장입니다. 이사야서는 총 66장으로 되어 있는데, 크게 두 부분으로 나누어집니다. 첫 부분은 1장부터 39장까지로서 '이스라엘에 대한 하나님의 심판'이 기록되어 있고, 뒷부분은 40장부터 66장까지로 '이스라엘의 회복과 구원'이 기록되어 있습니다. 첫 번째 부분이 절망적이라면 두 번째 부분은 희망적입니다. 40장은 바로 이 희망의 메시지가 담겨있는 두 번째 부분의 시작이라는 점에서 매우 중요한 의미가 있습니다. 40장은 "내 백성을 위로하라"고 시작하고 있음이 바로 이런 이유 때문입니다.

6절입니다: "말하는 자의 소리여 이르되 외치라 대답하되 내가 무엇이라 외치리이까 하니 이르되 모든 육체는 풀이요 그의 모든 아름다움은 들의 꽃과 같으니"

바로 여기에서 인생이 무엇인가에 대한 답이 나오고 있습니다. "모든 육체는 풀이요." 우리 인생은 풀과 같은 존재입니다.

내가 누구인지 아는 것은 매우 중요합니다. 6절이 이렇게 시작하고 있습니다: "말하는 자의 소리여 이르되 외치라."

하나님께서 예언자인 이사야에게 "외치라"고 명령하십니다. 이 '외치라'는 말은 큰소리로 목소리 높여 외치라는 뜻입니다. 우리는 모든 사람이 꼭 들어야 하는 중요한 내용이 있을 때, 큰 소리로 외칩니다. 바로 지금 그렇게 하라고 하나님이 명령하시는 것입니다. 그런데 외쳐야 할 중요한 내용이 무엇입니까? "모든 육체는 풀이요. 그의 모든 아름다움은 들의 꽃과 같다." 입니다. 지금 하나님은 이것이 모든 사람이 들어야 할 중요한 말이라고 강조하십니다.

7절에 보면 "이 백성은 실로 풀이로다"라고 다시 반복하고 있습니다. 하나님은 우리가 이 사실을 깨닫기 원하십니다. 우리 인생들은 참으로 풀과 같은 존재입니다. 풀은 어떤 존재입니까? 아주 연약한 존재입니다. 아무런 힘이 없는 존재입니다. 조금만 가물어도 바싹 말라죽고, 비가 조금 많이 오면 씻겨 내려가는 무기력한 존재입니다. 살짝 힘을 주어 잡아 당겨도 뽑혀 버리는 존재입니다. 정말 그렇습니다. 인간은 참으로 연약한 존재입니다.

저는 9월부터 한 달에 한 번씩 양로원에 가서 예배를 인도하고 있습니다. 두 주 전에는 예배 인도하면서 눈물이 나오는 것을 참느라고 애를 쓴 적이 있습니다. 예배 드리는 자리에 30여 분의 할머니 할아버지가 모였는데, 대부분 몸이 불편한 상태였고 한 20, 30%는 치매 증세가 있었습니다. 멀쩡하게 생긴 할머니들이 맨 앞자리에 앉아 성경말씀을 봉독하는데, 그 때까지 말씀을 못 찾고 계속 책을 뒤적기리고 있었습니다. 그런데 가만히 보니까 성경책이 아니라 찬송가입니다. 성경을 찾는 시간에, 찬송가를 성경책으로 알고 계속 찾고 있는 모습을 볼 때 순간적으로 눈물이 핑 돌았습니다.

요즘 치매가 참 많다고 합니다. 나이가 들면 치매처럼 무서운 것도 없습니다. 외출했다가 집에 돌아올 때 집을 못 찾아 길거리를 헤매게 됩니다. 심하면 사람을 알아보지 못합니다. 치매는 머리가 좋은 사람이든지, 나쁜 사람이든지 가리지 않고 찾아옵니다. 신앙이 좋은 사람이든지, 없는 사람이든지 가리지 않고 찾아옵니다. 건강이 좋은 사람이든지 나쁜 사람이든지 가리지 않고 찾아옵니다. 내 의사와 전혀 상관없이 어느 날 찾아옵니다. 인간은 이처럼 연약한 존재입니다.

그 뿐이 아닙니다. 혈관 중에 조그만 덩어리가 함께 피와 돌아다니다가 조그만 혈관에서 막히면 그 순간 심장마비가 오거나, 뇌출혈이 와서 생명을 잃게 됩니다. 내가 나를 잘 아는 것 같지만, 내 혈관 속에 그런 혈전 덩어리가 있는지 없는지도 잘 모르는 존재들입니다. 고혈압이 있는 사람은 혈압이 크게 올라가면 혈관이 터져서 반신불수가 되기도 합니다. 저희 형님이 약 10년 전에 이런 일을 당했습니다. 형님은 젊을 때 맹호부대로 월남전에 참전했던 분입니다. 아주 건강하고 개인운동으로 권투까지 한 분입니다. 그런데 50세 때 고혈압으로 쓰러졌습니다. 지금도 한쪽이 불편합니다. 발음도 불분명합니다. 저는 형님을 보면서 인간은 정말 나약한 존재라는 것을 깨닫습니다.

여러분 젊다고 젊음을 자랑하지 말고, 건강하다고 건강을 과신하지 마십시오. 인간은 풀과 같이 연약한 존재라는 사실을 항상 기억하셔야 합니다.

풀처럼 짧은 인생 (6-7절)

풀과 같은 인생이란 풀처럼 짧은 인생이란 뜻입니다.

다시 6절과 7절을 보시기 바랍니다: "말하는 자의 소리여 이르되 외치라 대답하되 내가 무엇이라 외치리이까 하니 이르되 모든 육체는 풀이요 그의 모든 아름다움은 들의 꽃과 같으니, 풀은 마르고 꽃이 시듦은 여호와의 기운이 그 위에 붊이라 이 백성은 실로 풀이로다."

우리 인생이 풀이라면, 인생 중에 가장 화려한 순간은 풀의

01. 생각하는 갈대 185

꽃과 같다고 말씀하십니다. 누구나 인생에 화려한 순간이 있습니다. 공부를 잘해서 수석이나 우등생이 되어 상을 받거나, 사업에 성공해서 큰 돈을 벌거나, 높은 지위에 올라서 많은 사람의 주목을 받는 때가 있습니다. 이런 때를 인생의 꽃과 같은 시절이라고 할 수 있을 것입니다.

그런데 꽃의 생명은 잠시 잠깐입니다. 교회 앞의 코스모스가 그렇게 아름답고 보기 좋게 피었는데, 가을이 되자 두주 전부터 시들더니 얼마나 모양이 흉측스러운지 모릅니다. 꽃의 아름다움은 정말 잠깐입니다. 그런데 우리 인생의 성공과 성취의 순간도 꽃처럼 잠깐이라는 사실을 기억하라고 하나님이 말씀하십니다. 남자들은 대체로 권력 지향적입니다. 요즘 한국에서 '권불십년(權不十年)'이란 말을 많이 씁니다. 권력이 10년을 못 간다는 뜻입니다. 사실 그렇습니다.

그렇다면 한번 심각하게 생각해 보시기 바랍니다. 그렇게 열심히 아침부터 밤늦게까지 뛰는 것이 인생의 성공을 위한 것이라면, 꽃처럼 잠깐인 그 화려함을 위해서 투자할만한 가치가 있는 것입니까? 짧고 허무한 것, 잠시 있다가 없어지는 것에 애착을 가지는 것처럼 어리석은 일은 없는 것입니다.

"풀은 마르고 꽃은 시든다"는 평범한 진리, 그러나 엄청난 진리를 7절과 8절에서 두 번 반복하고 있음을 기억하시기 바랍니다.

소망이 있는 인생

이사야 선지자를 통해 주시는 소망

그러나 여기서 그치면 우리는 염세주의나 비관주의에 빠질 수밖에 없습니다. 기독교는 여기서 그치지 않습니다. 풀과 같은 인생이지만 소망이 있는 인생입니다. 그렇다면 그 소망이란 어떤 소망입니까? 하나님은 이사야 선지자를 통해 소망을 우리에게 주십니다.

첫째, '하나님의 영광을 보리라' 는 소망입니다.
5절입니다: "여호와의 영광이 나타나고 모든 육체가 그것을 함께 보리라 이는 여호와의 입이 말씀하셨느니라."

둘째, '하나님의 말씀은 영원히 서리라' 는 소망입니다.
8절입니다: "풀은 마르고 꽃은 시드나 우리 하나님의 말씀은 영원히 서리라 하라."

우리 인생은 풀처럼 짧게 왔다 가지만, 하나님의 말씀은 영원히 존재합니다. 다이아몬드가 귀하고 비싼 것은 그것이 변질되지 않고 오랜 세월 아름다움이 지속되기 때문입니다. 얼음으로 조각한 작품이 아무리 아름다워도 그 값을 쳐주지 않는 것은 금

방 녹아버리기 때문입니다.

유한한 인생은 영원한 것을 붙잡아야 합니다. 하나님의 말씀이 영원하다는 것은 변하지 않는다는 것이요, 완전한 진리의 말씀이라는 뜻입니다. 말씀은 우리에게 소망을 줄 뿐 아니라, 영원한 생명과 완전한 자유를 줍니다. 지혜와 능력도 얻게 합니다.

셋째, '하나님이 오실 것이라' 는 소망입니다.

10절입니다: "보라 주 여호와께서 장차 강한 자로 임하실 것이요 친히 그의 팔로 다스리실 것이라 보라 상급이 그에게 있고 보응이 그의 앞에 있으며."

이스라엘의 역사를 보면, 하나님이 오시는 것이 어떤 의미가 있는지 잘 알 수 있습니다. 이스라엘이 하나님을 불순종하여 하나님을 떠나면, 즉 하나님이 그들 가운데 계시지 않으면, 그것은 곧 멸망이요 저주요 죽음이었습니다. 그러나 하나님이 함께 하시면 생명이요 복이요 풍요로움이었습니다. 하나님이 풀과 같은 인생에게 찾아 오셔서 함께 하시면 그 인생은 더 이상 풀과 같은 짧고 허무한 인생이 아닙니다. 하나님의 자녀가 되고 영원한 하늘나라의 상속자가 됩니다.

생각하는 갈대

파스칼이라는 프랑스 철학자가 "인간은 생각하는 갈대"라고 했습니다. 이 말은 그의 유명한 책 『팡세』에 나옵니다. 그 부분을 인용하면 다음과 같습니다:

"인간은 한 개의 갈대에 지나지 않는다. 모든 자연 가운데 가장 약한 존재이다. 그러나 그것은 생각하는 갈대이다. 그를 무찌르기 위해서 온 우주가 무장하지 않아도 된다. 한 줄기의 증기, 한 방울의 물로도 그를 죽이기에 충분하다. 그러나 우주가 그를 무찌른다 해도, 인간은 자기를 죽이는 자보다 더 고귀할 것이다. 왜냐하면 인간은 자기가 반드시 죽어야 한다는 사실과 우주가 자기보다 힘이 세다는 사실을 알지만, 우주는 그것을 전혀 모르고 있으니 말이다."

"그러므로 인간의 존엄성은 그의 사고에 있는 것이다. 우리는 사고에 의해서 자기를 높여야 한다. 우리가 다 채울 수 없는 공간이나 시간에 의해서가 아니다. 그러므로 인간은 잘 사고하도록 힘써야 한다."

파스칼은 독실한 기독교인이었습니다. 그는 성경말씀과 일치된 인생관을 말하고 있습니다. "인간은 한 개의 갈대에 불과하다." 사실 풀보다 갈대가 더 연약합니다. 풀은 낮게 깔려 있어서

웬만한 바람에도 끄떡없지만, 갈대는 강한 바람에 부러집니다. 그는 깊은 사색 속에 인간이 갈대처럼 연약한 존재임을 발견하였습니다. 그러나 단순한 갈대가 아니라 생각하는 갈대임을 알았습니다. 우주의 삼라만상 가운데 생각할 수 있는 존재는 인간이 유일합니다. 이 사고능력이 있기에 인간은 위대하고 존엄한 것입니다.

그러면 우리가 이 사고능력을 가지고 무엇을 해야 합니까? 바로 하나님을 찾는 것입니다. 소망을 발견하고 그것을 붙드는 것입니다. 이 생각할 수 있는 능력을 가지고, '하나님은 과연 계시는가?' '정말 하나님의 말씀은 영원한가?' '예수님은 나를 위해 십자가에서 돌아 가셨는가?' 이런 질문을 던져야 하고, 대답을 찾아야 합니다. 누구든지 정직하고 성실하게 사유(思惟)하면 이 대답을 찾을 수 있습니다.

하나님을 의지하는 자의 복

만일 우리 '생각하는 갈대' 들이 진실한 사고능력을 통해 하나님을 발견하고, 하나님을 믿게 되면 놀라운 복을 누리게 됩니다. 바로 11절에 기록된 복입니다: "그는 목자같이 양 떼를 먹이시며 어린 양을 그 팔로 모아 품에 안으시며 젖먹이는 암컷들을 온순히 인도하시리로다."

하나님이 양 같은 우리들의 목자가 되셔서 우리들을 풍성한 꼴로 먹여 주십니다. 앞을 가리지 못하는 어린 양들은 친히 팔에 안고 다니십니다. 젖먹이는 암컷들, 자식들을 먹이고 기르고 보호해야 하는, 그러면서 자신들의 몸은 무겁고 불편한 상태에 있는 암양과 같은 사람들을 특별히 지켜주시고 인도해 주십니다.

많은 분들이 이미 자신의 인생을 하나님께 맡겨서, 이러한 복을 누리고 있습니다. 당신의 인생을 하나님께 맡기시기 바랍니다. 당신의 고민, 괴로움을 하나님께 내려놓으시기 바랍니다. 그리하여 하나님의 복들을 누리시길 간절히 원합니다.

2

어떤 이름을 남길 것인가?

본문 : 요한계시록 21:10-14

아버지의 동행

성령으로 나를 데리고 크고 높은 산으로 올라가 하나님께로부터 하늘에서 내려오는 거룩한 성 예루살렘을 보이니 하나님의 영광이 있으매 그 성의 빛이 지극히 귀한 보석 같고 벽옥과 수정 같이 맑더라 크고 높은 성곽이 있고 열두 문이 있는데 문에 열두 천사가 있고 그 문들 위에 이름을 썼으니 이스라엘 자손 열두 지파의 이름들이라 동편에 세 문, 북편에 세 문, 남편에 세 문, 서편에 세 문이니 그 성에 성곽은 열두 기초석이 있고 그 위에 어린 양의 십이 사도의 열두 이름이 있더라

요한계시록 21:10-14

02.
어떤 이름을 남길 것인가?

본문 : 요한계시록 21:10-14

이름을 남기려는 열망

　　　　　　부모가 자식을 갖게 되면 가장 먼저 하는 일이 있습니다. 그것은 이름을 짓는 일입니다. 아이가 뱃속에 있을 때에 미리 이름을 짓습니다. 부르기 좋고 기억하기 좋고 그러면서 좋은 뜻이 담겨 있는 이름을 지어줍니다. 사람들은 자기 이름을 소중히 여깁니다. 그리고 그 이름대로 살려고 노력합니다. 이름값을 하려고 합니다. 그 이름을 남기려고 합니다.

　이름을 남기고 싶어 하는 욕망은 그 역사가 창세기로 거슬러 올라갑니다. 인간들이 교만하여서 바벨탑을 쌓을 때, 탑을 쌓는 이유 중 하나가 이름을 내기 위한 것이었습니다. 창세기 11장 4절에 이렇게 기록되어 있습니다: "자, 성읍과 탑을 건설하여 그

탑 꼭대기를 하늘에 닿게 하여 우리 이름을 내고 온 지면에 흩어짐을 면하자."

이름을 크게 하는 것은 하나님의 복

하나님께서 갈대아 우르에 살고 있던 아브라함을 불러 가나안 땅으로 가게 하실 때, 하나님은 그에게 복을 약속하셨습니다. 그 복 가운데 이름을 창대하게 해 주겠다는 약속이 포함되어 있습니다. "내가 너로 큰 민족을 이루고 네게 복을 주어 네 이름을 창대하게 하리니 너는 복이 될지라"(창 12:2). 영어로는 "I will make your name great"입니다. 물론 하나님은 이 약속대로 아브라함의 이름을 위대하게 만들어 주었습니다. 지금도 많은 사람들이 '아브라함'이라는 이름을 자식들에게 지어줍니다. 링컨 대통령의 이름도 아브라함이었고, 카이퍼라는 유명한 신학자의 이름도 아브라함이었습니다.

이름을 중시하시는 하나님

하나님은 이름을 중시하십니다. 십계명에서 하나님은 "내 이름을 망령되게 부르지 말라"는 계명을 주셨습니다. 하나님의 이름을 함부로 사용하고, 올바로 사용하지 못하는 것은 큰 죄가 됩니다.

하나님의 이름, 예수님의 이름에는 능력이 있습니다. 예수의 이름으로 명하면 귀신이 떠나갑니다. 예수의 이름으로 기도하면 모든 질병이 떠나갑니다. 예수의 이름으로 우리는 세상을 이길 수 있습니다. 예수의 이름은 우리에게 구원을 주시는 능력입니다.

하나님은 우리 인간들의 이름도 중요하게 여기십니다. 하나님은 때때로 사람들에게 이름을 지어주셨습니다. 첫 사람 아담의 이름을 하나님께서 지어주셨습니다. 아브람에게는 '아브라함'이라는 이름을, 사래에게는 '사라'라는 새로운 이름을 지어주었습니다. 야곱에게는 '이스라엘'이라는 영광스런 이름을 지어 주기도 하셨습니다.

예수님도 마찬가지입니다. 시몬이라는 이름을 가졌던 한 제자에게 반석이라는 뜻의 '베드로'라는 이름을 지어 주셨습니다.

이름이란 무엇인가?

그렇다면 이름이란 도대체 무엇입니까?
김춘수의 「꽃」이라는 유명한 시가 있습니다. 그 시를 통해 시인 김춘수는 이름의 의미를 설명하고 있습니다:

내가 그의 이름을 불러 주기 전에는
그는 다만 하나의 몸짓에 지나지 않았다.

내가 그의 이름을 불러 주었을 때
그는 나에게로 와서 꽃이 되었다.

내가 그의 이름을 불러 준 것처럼
나의 이 빛깔과 향기에 알맞은
누가 나의 이름을 불러다오.
그에게로 가서 나도
그의 꽃이 되고 싶다.

우리들은 모두
무엇이 되고 싶다.
너는 나에게 나는 너에게
잊혀지지 않는 하나의 의미가 되고 싶다.

시인들은 언어에 탁월한 감각과 통찰력을 가지고 있습니다. 그는 이름이 단순한 호칭이 아니라 그 사람의 의미이며 그 사람의 빛깔과 향기, 즉 인격과 삶 그 자체인 것을 가르쳐 주고 있습니다.

『주역』에서는 이름을 '후천 운명' 이라고 합니다. 그래서 때로 운명을 바꾸기 위해서 이름을 바꿀 것을 주장합니다. 사실 이름을 바꾸는 것은 성경에서도 많이 발견할 수 있습니다. 대표적인 경우가 바울입니다. 그의 본명은 사울인데 후에 예수님을 만난 이후 그의 이름은 바울이 되었습니다.

사람은 이름을 영원히 남긴다

"호랑이는 죽어 가죽을 남기고 사람은 죽어 이름을 남긴다"는 말이 있습니다. 이 말은 중국 고사성어에서 온 말입니다: "호사유피(虎死留皮) 인사유명(人死留名)"

중국 오대사 '왕언장전'에 나오는 단어입니다. 당나라가 멸망한 직후, 양나라에 왕언장이라는 장수가 있었습니다. 그는 우직하고 솔직한 성격으로 싸울 때마다 항상 쇠창을 들었으므로 왕철창이라고 불렸습니다. 진나라가 양나라로 공격해왔는데, 양나라가 크게 패하고 왕언장은 파면당하고 말았습니다. 얼마 후 다시 두 나라가 전쟁을 하였는데 또 패하고 말았습니다. 이때 당나라 임금이 왕언장의 용맹성을 아까워하여 귀순할 것을 종용하자 그는 이렇게 말했습니다: "아침에는 양나라를 섬기고

저녁에는 진나라를 섬길 수 없소." 그는 결국 사형을 당하고 말 았습니다. 그런데 그는 평소 늘 입버릇처럼 한 말이 있습니다. 그 말이 바로 "호랑이는 죽어 가죽을 남기고 사람은 죽어 이름을 남긴다." 였습니다.

사람은 좋든 싫든, 원하든 원하지 않든 이름을 남깁니다. 잘난 호랑이든지 못난 호랑이든지 상관없이 죽어 가죽을 남기듯이 말입니다.

사람은 역사에 이름을 남깁니다. 백범 김구 선생처럼 애국자의 이름으로 남기기도 하고, 이완용처럼 매국노의 이름으로 남기기도 합니다. 아벨처럼 의인의 이름으로 남기기도 하고, 가인처럼 살인자의 이름으로 남기기도 합니다. 다윗처럼 성공한 사람으로 남기기도 하고, 사울처럼 실패한 사람으로 남기기도 합니다.

어떤 사람은 자신의 작품에 이름을 남깁니다. 헨델은 「메시아」라는 대곡에 자신의 이름을 남겼으며, 베토벤은 여러 교향곡에 자신의 이름을 남겼습니다. 미켈란젤로, 레오나르도 다 빈치는 그림에 자신의 이름을 남겼고, 톨스토이는 『죄와 벌』이라는 소설에 자신의 이름을 남겼습니다. 학자들은 학문과 이론에 자신의 이름을 남깁니다. 아인슈타인은 '상대성이론'에 자신의 이름을 남겼으며, 다윈은 '진화론'에 자신의 이름을 남겼습니다. 어떤 사람은 돈을 잘 써서 그 돈에 자신의 이름을 남깁니다. 노벨은 자신의 재산으로 노벨상을 제정하여 이름을 남겼습니다. 록펠러는 수많은 대학과 도서관을 지어 그 건물에 자신의 이름을 남겼습니다.

영원히 남는 우리의 이름

본문을 보면 이름이 영원히 남는 것을 알 수 있습니다.

천국에 가면 높은 성벽이 있고, 그 벽에 12개의 문이 있습니다. 각 문 위에 이스라엘 12지파의 이름, 즉 야곱의 12아들의 이름이 기록되어 있습니다. 그리고 성벽의 기초석이 12개가 있는데, 그 기초석 위에는 예수님의 12제자의 이름이 기록되어 있습니다.

이는 하늘의 교회가 구약, 신약을 총망라한 교회요, 전 세계 전세대의 성도들의 총체인 우주적 교회임을 의미합니다. 구약과 신약이 연결되어 있는, 즉 교회의 연속성을 가르쳐 주고 있는 것입니다.

천국은 영원한 하나님의 나라입니다. 그런데 이 천국의 문과 기초석 위에 사람들의 이름이 적혀 있습니다.

어디에 어떤 이름을 남길 것인가?

그렇다면 우리는 어디에 어떤 이름을 남겨야 합니까?

어차피 영원히 남는 이름입니다. 천국에 남든지, 지옥에 남든지 영원히 남는 이름입니다. 우리는 생명책에 그 이름을 남겨야 합니다.

"무엇이든지 속된 것이나 가증한 일 또는 거짓말하는 자는 결코 그리로 들어가지 못하되 오직 어린 양의 생명책에 기록된 자들만 들어가리라"(계 21:27).

"또 참으로 나와 멍에를 같이한 네게 구하노니 복음에 나와 함께 힘쓰던 저 여인들을 돕고 또한 글레멘드와 그 외에 나의 동역자들을 도우라 그 이름들이 생명책에 있느니라"(빌 4:3).

사도 바울은 빌립보 교회의 지도자이면서 자신의 동역자들의 이름이 생명책에 기록되어 있다고 말합니다. 목회자가 구원받은 사람이라고 인정하는 믿음의 소유자들이 되시기 바랍니다.

"죽임을 당한 어린 양의 생명책에 창세 이후로 이름이 기록되지 못하고 이 땅에 사는 자들은 다 짐승에게 경배하리라"(계 13:8).

"누구든지 생명책에 기록되지 못한 자는 불못에 던져지더라"

(계 20:15).

이 두 구절은 생명책에 이름이 기록되지 못한 자들은 모두 지옥불에 던져지게 될 것이라는 엄중한 경고입니다.

"또 내가 보니 죽은 자들이 큰 자나 작은 자나 그 보좌 앞에 서 있는데 책들이 펴 있고 또 다른 책이 펴졌으니 곧 생명책이라 죽은 자들이 자기 행위를 따라 책들에 기록된 대로 심판을 받으니"(계 20:12).

생명책에는 우리의 이름만 기록되어 있지 않습니다. 평생 우리가 행한 모든 일들이 기록되어 있습니다. 그 기록된 대로 우리는 상급을 받게 됩니다.

우리는 이름을 남기되 믿음으로 살다간 이름을 남겨야 합니다. 아름다운 삶이 담겨있는 이름을 남겨야 합니다.

미국 사람들은 같은 이름을 많이 사용합니다. 주로 성경인물의 이름을 즐겨 사용합니다. Peter, Paul, John, James, David 등.

이런 이름들처럼 나의 이름도 사람들이 즐겨 자기의 이름으로 사용하는 꿈을 가지시기 바랍니다. 당신의 이름이 다음 이름들의 반열에 서 있기를 기대합니다.

아브라함 링컨, 모니카, 웨슬레의 어머니 수잔나, 기도의 노종 안나, 성 프랜시스, 길선주, 김익두, 주기철, 손양원...

3

부족함이 없는 인생

본문 : 시편 23:1-6

아버지의 동행

여호와는 나의 목자시니 내게 부족함이 없으리로다 그가 나를 푸른 풀밭에 누이시며 쉴 만한 물가로 인도하시는도다 내 영혼을 소생시키시고 자기 이름을 위하여 의의 길로 인도하시는도다 내가 사망의 음침한 골짜기로 다닐지라도 해를 두려워하지 않을 것은 주께서 나와 함께 하심이라 주의 지팡이와 막대기가 나를 안위하시나이다 주께서 내 원수의 목전에서 내게 상을 차려 주시고 기름을 내 머리에 부으셨으니 내 잔이 넘치나이다 내 평생에 선하심과 인자하심이 반드시 나를 따르리니 내가 여호와의 집에 영원히 살리로다

본문 : 시편 23:1-6

03.
부족함이 없는 인생

본문 : 시편 23:1-6

부족함이 없는 인생

　　　　　　　우리는 각자 신앙생활의 모델로 삼는 인물이 있습니다. 성경에 나오는 훌륭한 믿음의 사람처럼 나도 그런 사람이 되고 싶다는 소망을 갖고 있습니다. 많은 사람들이 다윗을 신앙생활의 본으로 삼고 있습니다. 저도 마찬가지입니다. 다윗에게서는 인간미가 풍겨나기 때문인 것 같습니다. 즉 '나하고 비슷하다.', '내가 경험하는 것을 다윗도 느꼈구나.', '나처럼 다윗도 실패했네.' 이런 공감대가 있는 성경인물이기 때문입니다. 다니엘이나 요셉 같은 사람도 매우 훌륭하지만 이들은 너무 완벽한 사람들이기에 거리감이 느껴집니다.

　　다윗은 성공한 사람입니다. 그는 비천한 집안 출신입니다. 가난했고 배우지 못했습니다. 집에서 아버지나 형들로부터 인정받지 못한 사람입니다. 크게 성공할 가능성이 전혀 없던 사람이었습니다. 그런데 성공했습니다. 그래서 우리가 더 좋아하는지도 모릅니다. 그는 이스라엘의 역사상 가장 훌륭한 왕이 되었습니다. 그는 전생에서 백전백승하는 장군으로서의 업적을 남겼습니다. 그는 주옥같은 시를 남긴 문학가였습니다. 크게 성공한 사람입니다. 그러나 이런 성공보다 우리가 더 부러워하는 것은 그가 하나님의 인정을 받은 사람이었다는 점입니다. 하나님은 다윗을 일컬어 '내 마음에 맞는 사람'이라고 칭찬하였습니다.

다윗은 내 인생이 '부족함이 없는 인생'이라고 고백하며, 또 '내 잔이 넘치나이다'라고 고백하고 있습니다. 그의 인생의 성공비결을 본문말씀을 중심으로 함께 생각해 보고자 합니다.

여호와는 나의 목자이시다

나는 목자가 필요한 존재

"여호와는 나의 목자시니 내게 부족함이 없으리로다"(1절).

"여호와는 나의 목자"라고 다윗은 고백하고 있습니다. 이 고백은 매우 중요한 고백입니다. 이 고백 속에 다윗의 성공비결이 담겨 있습니다. 이 고백은 가장 위대한 신앙고백이라 할 수 있습니다.

'여호와는 나의 목자시다' 는 고백은 '나는 목자가 필요한 존재' 라는 의미가 담겨 있습니다. 인간은 누구의 도움 받는 것을 수치로 여깁니다. 스스로 일어서려고 합니다. 스스로 일을 하려고 합니다. 어린아이들을 보면 이것을 쉽게 알 수 있습니다. 엄마 젖을 먹던 아이들이 조금 크면 숟가락질을 자기가 하려고 합니다. 먹는 것보다 흘리는 것이 더 많지만 자기가 하려고 합니다. 조금 더 크면 어른의 말을 듣지 않습니다. 자기 마음대로 하려고 합니다. 십대가 되고 청년이 되면 이 현상이 극에 달합니다. 그러다가 나이가 들면서 서서히 깨닫기 시작합니다. 40세 불혹의 나이가 되면, 나를 알고 세상을 알게 됩니다. 내가 할 수 있는 일보다 할 수 없는 일이 더 많다는 것을 깨닫게 됩니다. 50세가 넘어가면 모든 일에 자신감을 상실하게 됩니다. 밑에서 젊은 사람들이 치고 올라오는데 두렵기까지 합니다. 회사에서 나를 써주는 것만 해도 감사하게 생각합니다. 60, 70세가 되어 은퇴하면 더욱 자신이 쓸모없는 존재라는 생각을 갖게 됩니다. 나이 들어 몸이 점점 쇠약해지면 움직이는 데도 다른 사람의 도움이 필요하게 됩니다.

다윗은 똑똑한 사람입니다. 왜냐하면 그는 이 사실을 어릴 때부터 깨달았기 때문입니다. 젊을 때는 깨닫지 못하다가 나이가 들어 노인이 되었을 때 깨달은 것이 아닙니다. 그는 '나는 양같이 연약한 존재입니다'라고 고백하고 있습니다. 얼마나 겸손한 사람입니까? 자기 스스로 자기를 방어힐 수 없고, 자기 스스로 먹고 살아갈 수 없는 존재라는 사실을 일찍 깨달았습니다. 젊은 분들은 다윗처럼 일찍 이 사실을 깨달으시기 바랍니다. 그래야 다윗처럼 성공하게 됩니다.

인간은 목자 없이 살 수 없는 존재입니다.

나의 목자는 오직 여호와

"여호와는 나의 목자시다"는 고백은 또한 "나의 목자는 오직 여호와"라는 의미가 담겨 있습니다.

나이가 들면서, 나의 능력의 한계를 깨닫게 되면서 자신은 누군가의 도움이 필요하다는 생각을 갖게 됩니다. 그래서 그 도움을 찾기 시작합니다. 많은 사람들은 세상 속에서 그것을 찾습니다. 어떤 사람들은 권력에서 그 도움을 찾습니다. 권력을 쥔 사람을 찾아가 그를 의지하기도 하고, 그를 통해 권력을 잡으려고 합니다. 어떤 사람들은 돈에서 그 힘을 찾습니다. '돈이 곧 힘이다', '돈이면 다 된다'는 생각이 바로 이런 부류의 사람들이 붙잡는 신념입니다. 어떤 사람들은 종교에서 그 도움을 찾습니다. 병들어도 무당을 불러 굿을 하고, 집안에 어려움이 생겨도 무당을 불러 굿을 하는 것이 이런 신념을 가진 자들의 행동입니다.

사람은 누구나 어려움을 겪기 마련입니다. 나 혼자 힘으로 되지 않는 상황에 직면했을 때, 여러분은 어떻게 문제를 해결합니까? 누구의 도움, 어떤 도움을 의지합니까? 그것이 바로 여러분의 목자입니다.

다윗은 그 분이 바로 여호와 하나님이었습니다. 천지를 창조하신 분, 나를 만드신 분, 전지전능하신 분, 사랑과 자비가 무한하신 분, 그 분을 자신의 목자로 삼았던 것입니다. 가장 완벽한 목자이십니다. 실수가 없고 틀림이 없는 분이십니다. 졸지도 않고 주무시지도 않는 분이십니다. 그 분을 목자로 삼았기에, 다윗은 성공할 수밖에 없었습니다.

가장 좋은 곳으로 인도하시는 목자

2절에서 그는 이렇게 고백합니다: "그가 나를 푸른 풀밭에 누이시며 쉴만한 물 가로 인도하시는도다."

나를 그 분에게 맡겼더니 그 분은 나를 먹을 것이 풍성한 푸른 풀밭으로 인도하시고, 또 평안히 쉴 수 있는 물 가로 인도해 주셨습니다. 우리의 육적 필요, 정서적 필요를 채워주시는 분입니다.

3절은 영적 필요까지 채워주시는 분이라고 고백하고 있습니다: "내 영혼을 소생시키시고 자기 이름을 위하여 의의 길로 인도하시는도다."

여기에서 '소생'이라는 말은 히브리어로 〈슈브〉라는 단어인데, 영어로는 'restore', 'return'이라는 뜻입니다. "내 영혼을 소생시키시고"는 '내 영혼을 회복시키시고'라는 의미입니다. 우리 영혼이 낙심될 때가 있습니다. 우리 영혼이 깊은 영적 침체에 빠질 때가 있습니다. 신앙의 회의가 찾아오고, 절망과 우울의 골짜기에서 헤맬 때가 있습니다. 이 때 하나님은 우리의 영혼을 회복시켜 주십니다. 우리가 경험하지만 우리 스스로 그 골짜기에서 나올 수 없습니다. 하나님만을 의지해야 합니다. 그 분이 친히 붙드시고 건져 올려 주십니다.

다윗은 이런 경험을 많이 했습니다. 사울에게 쫓겨 다닐 때 죽음의 위협을 많이 당했습니다. 그럴 때마다 하나님은 그의 영혼을 회복시켜 주셨습니다. 사람은 그런 일을 못합니다. 돈도 권력도 그런 일을 못합니다. 오직 하나님만이 하실 수 있습니다. 그래서 다윗은 하나님을 자신의 목자로 삼았던 것입니다.

내게 부족함이 없으리로다

우리는 때때로 부족함을 느끼는 존재

"여호와는 나의 목자시니 내게 부족함이 없으리로다"는 말씀 속에서 다윗은 자신은 때때로 부족함을 느끼는 존재라는 사실을 고백하고 있습니다. 우리는 이런 착각을 하는 경향이 있습니다. "예수 믿는 사람에게는 불행이나 실패가 없다"는 착각입니다.

다윗의 인생은 불행과 실패의 연속

다윗은 어릴 때부터 하나님을 섬기며 목자로 모셨지만 그의 인생은 고난과 불행의 연속이었습니다. 예를 들어 그는 사울 왕으로부터 심한 박해와 고난을 당했습니다. 아무 죄도 없는데 그는 오랜 세월 사울 왕이 죽을 때까지 쫓겨 다니는 신세로 살았습니다. 그는 자녀들 간에 강간사건이 일어나는 일과, 아들 간에 살인사건이 일어나는 일을 경험했습니다. 여러분의 사랑하는 딸이 이런 일을 당한다면 어떤 심정이 되겠습니까? 그는 아들이 반란을 일으키는 인간 최대의 불효를 경험했습니다. 평생 사랑으로 돌보아 준 부하들에게 배신당하는 실패도 경험했습니다. 이런 실패들을 주목해 본다면 어떻게 다윗이 성공한 인생이었고, 형통한 인생이었다고 말할 수 있겠습니까?

따라서 '내가 예수님을 이렇게 열심히 믿는데 왜 나에게 이런 불행과 실패가 닥쳤는가'라고 생각하면서 너무 괴로워할 필요가 없습니다. 어차피 우리 인생은 고난과 시련을 겪도록 되어 있습니다. 그런 일을 당하지 않는 사람은 한 사람도 없습니다. 남편과 아내 중 누군가 먼저 죽을 수밖에 없고, 그럴 때 남아있는 사람은 큰 불행과 슬픔을 경험할 수밖에 없습니다.

부족함이 없는 인생

그러함에도 불구하고 다윗은 "내게 부족함이 없으리로다"라고 고백하고 있습니다.

왜 그럴까요? 그가 실패와 불행을 만날 때마다 하나님은 그것을 이길 힘을 주셨고, 도움을 주셨고, 그래서 그것을 극복하였기 때문입니다. 그래서 부족함이 없는 인생이라고 고백하고 있는 것입니다. 결코 그는 실패가 전혀 없는 인생이었다고 말하는 것이 아닙니다.

실제로 다윗은 그 많은 불행과 실패, 배신과 불효의 고통을 잘 극복하였습니다. 위기와 실패 때마다 그는 전적으로 하나님을 의지했고, 그 때마다 그는 부족함을 채움 받을 수 있었습니다.

4절에서 다윗이 이렇게 고백하고 있습니다: "내가 사망의 음침한 골짜기로 다닐지라도 해를 두려워하지 않을 것은 주께서 나와 함께 하심이라. 주의 지팡이와 막대기가 나를 안위하시나이다."

"내가 사망의 음침한 골짜기를 다닐지라도" 우리는 이 구절에 주목할 필요가 있습니다. 그가 이런 죽음의 위기에 처했던 것이 하나님을 만나기 전입니까? 아니면 만난 후입니까? 당연히 만난 후입니다. 누구보다 하나님과 깊은 영적 교감을 나눴던 다윗, 성령 충만한 상태에 있던 다윗이 죽음의 골짜기를 수없이 다녔다는 사실을 기억해야 합니다. 그러면 우리가 당하는 고난과 불행을 쉽게 받아들일 수 있습니다. 불행 자체가 괴로운 것이 아니라, '왜 나에게 이런 일이 일어났는가' 라는 질문 때문에 더 괴로운 것 아닙니까? 사실 다른 사람들에게 창피하기도 하고…

다윗을 성공으로 이끈 확신

하나님을 목자로 삼은 사람들은 이런 확신을 갖게 됩니다: "내 평생에 선하심과 인자하심이 반드시 나를 따르리니."

언제나 우리에게 좋은 것, 선한 것을 주시는 하나님, 그 분의

인자하심, 즉 사랑이 늘 내 뒤를 따를 것이라는 확신을 가지시기 바랍니다.

    다윗은 실패와 불행의 골짜기 안에서, 자기 뒤에 늘 따라다니는 하나님의 선하심과 인자하심을 경험했습니다. 그 선하심과 인자하심이 승리를 가능케 하였습니다. 여러분의 뒤에도 늘 하나님의 선하심과 인자하심이 있습니다. 이 확신으로 날마다 승리하고 매일 행복한 삶을 사시길 주님의 이름으로 축원합니다.

4

인생의 전환점

본문 : 사도행전 9:1-19

아버지의 동행

사울이 주의 제자들을 대하여 여전히 위협과 살기가 등등하여 대제사장에게 가서 다메섹 여러 회당에 갈 공문을 청하니 이는 만일 그 도를 좇는 사람을 만나면 무론 남녀하고 결박하여 예루살렘으로 잡아오려 함이라 사울이 행하여 다메섹에 가까이 가더니 홀연히 하늘로서 빛이 저를 둘러 비추는지라 땅에 엎드러져 들으매 소리 있어 가라사대 사울아 사울아 네가 어찌하여 나를 핍박하느냐 하시거늘 대답하되 주여 뉘시오니이까 가라사대 나는 네가 핍박하는 예수라 네가 일어나 성으로 들어가라 행할 것을 네게 이를 자가 있느니라 하시니 같이 가던 사람들은 소리만 듣고 아무도 보지 못하여 말을 못하고 섰더라 사울이 땅에서 일어나 눈은 떴으나 아무 것도 보지 못하고 사람의 손에 끌려 다메섹으로 들어가서 사흘 동안을 보지 못하고 식음을 전폐하니라 그 때에 다메섹에 아나니아라 하는 제자가 있더니 주께서 환상 중에 불러 가라사대 아나니아야 하시거늘 대답하되 주여 내가 여기 있나이다 하니 주께서 가라사대 일어나 직가라 하는 거리로 가서 유다 집에서 다소 사람 사울이라 하는 자를 찾으라 저가 기도하는 중이다 저가 아나니아라 하는 사람이 들어와서 자기에게 안수하여 다시 보게 하는 것을 보았느니라 하시거늘 아나니아가 대답하되 주여 이 사람에 대하여 내가 여러 사람에게 듣사온즉 그가 예루살렘에서 주의 성도에게 적지 않은 해를 끼쳤다 하더니 여기서도 주의 이름을 부르는 모든 자를 결박할 권세를 대제사장들에게 받았나이다 하거늘 주께서 가라사대 가라 이 사람은 내 이름을 이방인과 임금들과 이스라엘 자손들 앞에 전하기 위하여 택한 나의 그릇이라 그가 내 이름을 위하여 해를 얼마나 받아야 할 것을 내가 그에게 보이리라 하시니 아나니아가 떠나 그 집에 들어가서 그에게 안수하여 가로되 형제 사울아 주 곧 네가 오는 길에서 나타나시던 예수께서 나를 보내어 너로 다시 보게 하시고 성령으로 충만하게 하신다 하니 즉시 사울의 눈에서 비늘 같은 것이 벗어져 다시 보게 된지라 일어나 침례를 받고 음식을 먹으매 강건하여지니라 사울이 다메섹에 있는 제자들과 함께 며칠 있을새

본문 : 사도행전 9:1-19

04.
인생의 전환점
본문 : 사도행전 9:1-19

세계 역사상 가장 중요한 사건

브루스라는 저명한 학자는 "사도행전 9장의 사건은 오순절 이후의 기독교 역사에서 또는 세계 역사에서 가장 중요한 사건임에 틀림없다."고 하였습니다.

사울이라 이름하는 한 유태인 젊은이가 있었습니다. 이 젊은이는 어릴 때부터 율법의 엄한 가르침 속에서 자랐고, 가말리엘이라는 당대 최고의 율법학자 밑에서 공부를 마쳤습니다. 철저한 율법주의자로서 살고 있었습니다.

이 당시 예수님의 승천 뒤에 예수님의 제자들이 열심히 복음을 증거하여 예루살렘 안에 예수를 믿는 사람들이 많이 일어나게 되었습니다. 그러자 바리새인들과 서기관들은 이들을 박해하기 시작했습니다. 세상을 어지럽히는 이단사설로 보았기 때문입니다. 이 사울이라는 청년은 이 새로운 이단을 박해하는 데 앞장을 섰습니다.

사울의 다메섹 변화 사건

예루살렘에 박해가 시작되자 첫 번째 희생자가 나왔습니다. 스데반 집사가 순교를 당했습니다. 박해자들은 예루살렘 전역에 기독교인들을 잡아 가두기 시작했습니다. 이에 제자들은 예루살렘 밖으로 흩어져 피신하였습니다. 사실 이 일은 복음이 다른 지역에도 전파되는 결과를 가져오게 되었습니다. 흩어진 사람들 가운데 일부는 다메섹까지 가서 복음을 전했습니다.

이 열심 있는 청년 사울은 대제사장에게 가서 다메섹에 있는 기독교인들을 붙잡아 올 수 있는 허가증을 받았습니다. 그래서 그는 예루살렘을 떠나 다메섹으로 향하게 되었습니다. 다메섹에 거의 다다랐을 때 갑자기 큰 빛이 자기 주위를 비추었습니다. 시간이 정오 때였는데 얼마나 이 빛이 밝았는지 눈이 멀 정도였습니다. 사울과 동행하던 사람들은 모두 땅에 엎드렸습니다. 하늘에서 소리가 들렸습니다:

"사울아 사울아 어찌하여 네가 나를 박해하느냐?"

"주여 누구시니이까?"

"나는 네가 박해하는 예수라. 너는 일어나 시내로 들어가라 네가 행할 것을 네게 이를 자가 있느니라."

이 때 자리에서 일어났지만 그의 눈은 보이지 않았습니다.

아나니아에게 환상으로 나타나심

이 때 다메섹에 경건한 제자 한 사람이 살고 있었는데 그 이름은 아나니아였습니다. 예수님께서 아나니아에게 환상 중에 나타나셨습니다. 사울에게 찾아가서 그에게 안수하여 다시 눈을 뜨게 하라고 하셨습니다. 사울에게 이 환상을 보여 주었다고 말씀하셨습니다. 이미 아나니아는 사울의 소문을 듣고 있었습니다. 그는 악명 높은 사람이었습니다. 13-14절입니다: "아나니아가 대답하되 주여 이 사람에 대하여 내가 여러 사람에게 듣사온즉 그가 예루살렘에서 주의 성도에게 적지 않은 해를 끼쳤다 하더니 여기서도 주의 이름을 부르는 모든 사람을 결박할 권한을 대제사장들에게서 받았나이다."

이 때 예수님이 이렇게 대답하십니다: "가라 이 사람은 내 이름을 이방인과 임금들과 이스라엘 자손들에게 전하기 위하여 택한 나의 그릇이라"(15절).

결국 아나니아가 사울을 찾아가서 그에게 안수하였고, 사울

은 회개하고 세례를 받았습니다. 그가 안수 받을 때 성령 충만을 받았고, 사흘 만에 눈을 다시 뜨게 되었습니다.

사울은 어떤 사람이었는가?

예수님을 만나기 전에 사울은 이런 사람이었습니다.

1절은 그를 이렇게 소개하고 있습니다: "사울이 주의 제자들에 대하여 여전히 위협과 살기가 등등하여 대제사장에게 가서."

그는 기독교인들을 열심히 박해하였는데, 그 열심이 지나쳤습니다. 사람을 죽이는 데 앞장섰습니다. 살기가 등등하였습니다. 실제 그는 스데반을 돌로 쳐 죽이는 데 스스로 증인이 되기도 했습니다.

죄인 중의 괴수였던 바울

그는 디모데전서 1장 13-15절에서 자신을 이런 사람이었다고 밝히고 있습니다: "내가 전에는 비방자요 박해자요 폭행자였으나 도리어 긍휼을 입은 것은 내가 믿지 아니할 때에 알지 못하고 행하였음이라 우리 주의 은혜가 그리스도 예수 안에 있는 믿음과 사랑과 함께 넘치도록 풍성하였도다 미쁘다 모든 사람이 받을 만한 이 말이여 그리스도 예수께서 죄인을 구원하시려고 세상에 임하셨다 하였도다 죄인 중에 내가 괴수니라."

그는 매우 못된 사람이었습니다. 남을 비판하는 데 앞장서고, 하나님의 이름으로 다른 사람들을 박해하고 폭행하는 데 앞장서는 사람이었습니다. "내가 죄인 중의 괴수니라"는 말은 결코 겸손한 표현이 아닙니다. 그는 실제로 죄인 중에 큰 죄인이었습니다.

사울은 어떤 사람이 되었는가?

후에 사울은 이름을 바울이라고 부릅니다. 사울은 '여호와께 구했다'는 뜻인데 '작은 자'라는 뜻의 바울로 바꾸었습니다.

사울은 개종자가 되었습니다.
바울은 예수를 박해하던 사람에서 예수를 전파하는 사람으로 바뀌었습니다.
유태교 신자에서 기독교 신자로 바뀌었습니다.

사울은 사랑과 능력의 종이 되었습니다.

그는 겸손과 사랑의 사람으로 변했습니다. 그는 세상 권력을 가지고 일했지만, 후에는 하나님의 능력으로 일했습니다. 그는 온유하고 포용력이 넘치는 사람으로 변했습니다.

사울은 성경의 저자가 되었습니다.
13권의 신약성경의 저자로서 기독교 신앙의 기초를 놓았습니다.
믿는 자들, 일꾼들의 모범이 되었습니다.

사람이 변화되려면 어떻게 해야 하는가?

지금까지 살아온 인생이 마음에 들지 않아서 새롭게 인생을 살고 싶은 분이 있습니다. 지금 나의 성품과 성격이 마음에 들지 않아서 바꾸고 싶은 분이 있습니다. 어떻게 해야 합니까?
예수님을 만나야 합니다. 사울이 바울이 된 것은 다메섹 도상의 체험 때문입니다.
그는 뒤에서 사도행전 22장과 26장에서 두 번이나 이 사건의 간증을 하면서, 사건의 중요성을 강조하고 있습니다.

바울처럼 예수님을 만나 빛을 보고, 음성을 들어야만 변화될 수 있습니다.

  바울처럼 사흘간 눈이 멀게 되는 어려움을 겪더라도 나의 연약함을 강하게 체험하면 변화될 수 있습니다.

  바울처럼 성령을 받아야만 변화될 수 있습니다.

  바울처럼 사명을 받아야만 변화될 수 있습니다.

  사랑하는 사람이 변화되는 것을 원하십니까? 그렇다면 그 사람이 예수님을 만날 수 있도록 기도해야 합니다. 예수님을 만나며, 성령을 충만히 받음으로, 날마다 예수님과 성령님의 내주와 인도를 경험하며 살아가시길 주님의 이름으로 축원합니다.

1

아버지가 살아야 가정이 산다

본문 : 에베소서 6:1-4

아버지의 선물

자녀들아 너희 부모를 주안에서 순종하라 이것이 옳으니라 네 아버지와 어머니를 공경하라 이것이 약속 있는 첫 계명이니 이는 네가 잘 되고 땅에서 장수하리라 또 아비들아 너희 자녀를 노엽게 하지 말고 오직 주의 교양과 훈계로 양육하라

본문 : 에베소서 6:1-4

01.
아버지가 살아야 가정이 산다

본문 : 에베소서 6:1-4

몇 년 전 한 카드회사에서 'Mother's day'를 맞이하여 특별한 행사를 가졌습니다. 그것은 회사 근처에 있는 한 연방교도소 안에 어머니날 카드를 준비하여 원하는 사람은 누구든지 무료로 어머니에게 카드를 보낼 수 있도록 봉사하는 일이었습니다. 거의 모든 죄수들이 참가하여 준비해온 카드가 곧 바닥이 났습니다. 급히 직원들이 공장에 가서 카드를 추가로 가져왔습니다. 행사는 대성공이었습니다. 회사직원들은 자그마한 봉사지만 큰 보람을 느꼈으며, 다음 달에 있는 'Father's day'에도 똑같은 행사를 갖기로 결정하였습니다. 그런데 Father's day에는 한 사람도 나타나지 않았습니다. 자기 아버지에게 카드를 보내야겠다는 필요를 느낀 사람이 아무도 없었던 것입니다. 대부분의 사람들은 자기 아버지가 어디에 있는지조차 모르고 있었습니다.

　25년 동안 매주말마다 교도소에 가서 복음을 전해온 빌 글래스(Bill Glass)라는 목사가 있습니다. 이 분이 만나 복음을 전하고 상담한 수천 명의 사람들 가운데 자기 아버지를 진심으로 사랑하는 사람은 한 사람도 없었다고 합니다. 한 통계에 의하면 사형언도를 받은 사형수 가운데 95퍼센트가 자기 아버지를 증오하는 사람들이었다고 합니다. 1998년도에 연방교도소와 주정부교도소에 수감되어 있는 죄수들의 숫자가 1,202,107명이었는데, 이 가운데 94%가 남자였습니다. 사형수는 모두 3,452명이었는데 이 가운데 98.6%가 남자였습니다. 이들은 아버지와의 원만한 관계가 없었고, 아버지로부터 적절한 교육을 받지 못했기 때문에 범죄자들이 되어 감옥에서 귀중한 세월을 허송하고 있습니다. 위의 통계들은 이 세상의 범죄를 포함한 각종 사회 문제의 근원이 아버지에게 있음을 보여주고 있습니다. 심하게 말하면 이 세상은 아버지에 대한 분노로 가득 찬 세상이라고 할 수 있습니다.

　본문 가운데 특별히 4절을 중심으로 아버지의 역할과 사명은 무엇이며, 아버지들은 자녀들을 어떻게 양육해야 하는지를 살펴보며 은혜를 받기 원합니다.

여러분의 자녀를 노엽게 하지 말아야 합니다

"또 아비들아, 너희 자녀를 노엽게 하지 말고 오직 주의 교양과 훈계로 양육하라." 성경말씀은 언제나 자녀교육의 책임이 아버지에게 있음을 강조하고 있습니다. 아버지는 한 가정의 대표요 가장입니다. 하나님은 아버지에게 가정 운영에 대한 책임을 맡기셨습니다. 따라서 아버지들은 이 사명을 성실하게 잘 감당해야 합니다. 4절에서 주님은 우리에게 자녀교육에 있어 두 가지를 힘쓰라고 명령하십니다. 하나는 '자녀를 노엽게 하지 말라'는 것이고 다른 하나는 '주의 교양과 훈계로 양육하라'는 것입니다.

먼저 '자녀를 노엽게 하지 말라'는 말씀을 같이 생각해 보겠습니다.

1세기 에베소 교회의 아버지들과 21세기 아버지들의 공통점은 무엇입니까?

사도 바울이 에베소서를 기록한 때는 주후 1세기로서 로마제국이 통치하던 때였습니다. 에베소는 로마제국의 지배를 받고 있던 이방도시 중 하나입니다. 로마의 문화는 아버지가 가정에서 절대권한을 가지고 있었습니다. 자녀를 인격적으로 대하는 일이 없었을 뿐만 아니라, 심지어 말을 듣지 않거나 자기 마음에 들지 않을 경우 그 자리에서 죽일 수 있는 권한까지 가지고 있었습니다. 그래서 자녀들은 아버지로부터 수없이 많은 상처를 받았고 마음에 분노로 가득 차 있었습니다. 아버지들은 수백 년 동안 내려온 전통에 따라 자녀 학내를 하면서도 이에 대해 아무런 죄책감이 없었고 오히려 당연한 것으로 여겼습니다. 이런 세상에 예수 그리스도의 복음이 들어왔고, 에베소 땅에 교회가 세워졌습니다.

사도 바울은 교인들에게 새로운 그리스도인의 윤리와 도덕을 가르쳤습니다. 자녀들은 나의 소유물이 아니라 하나님의 소유물이며, 비록 나이가 어리지만 엄연한 한 인격으로 대우받아야 함을 가르쳤습니다. 사도 바울은 아버지에 의해 자녀들의 마음속에 분노가 쌓이는 문제를 보았습니다. 그래서 에베소 교인들에게 이렇게 당부하고 있는 것입니다. "너희 자녀들을 노엽게 하지 말라." 그런데 아버지들이 자녀들을 분노하게 하는 일은 비단 주후 1세기 때에만 있었던 것이 아닙니다. 우리가 사는 21세기에도 똑같이 존재하는 문제입니다.

여러분은 자녀들을 노엽게 하는 일이 없습니까?

여러분 가운데에는 아버지에 대해 좋은 인상을

가지고 있는 분들도 있겠고, 부정적인 인상을 가진 분들도 있을 줄 압니다. 아마 부정적인 인상을 가진 분들이 훨씬 많을 줄 압니다. 어릴 때 심한 체벌을 주었거나, 많은 사람들 앞에서 창피를 주어 자존심을 상하게 하고 수치심을 느끼게 하였거나, 늘 술을 먹고 들어와 주정부리고 어머니와 자녀들을 때리는 일을 밥 먹듯이 해서 깊은 상처를 갖고 계신 분들도 있을 것입니다. 바로 그런 것들이 자녀들을 노엽게 하고 마음에 분노와 적개심을 품게 만듭니다.

또 아버지가 자기 일에 바빠서 자녀들에게 전혀 무관심하고 무정하게 행동할 때 아이들은 마음에 분노가 깊이 생기게 됩니다. 아침 일찍 출근하고 밤늦게 퇴근하여 아이들 얼굴을 볼 시간도 없을 뿐 아니라, 하루 종일 일하고 들어와 피곤하니까 아이들이 귀찮아서 아무런 관심도 보이지 않고, 그저 신문이나 TV를 보고는 잠자리에 드는 아버지들에게 해당되는 이야기입니다.

「Focus on the family」라는 미니스트리로 유명한 제임스 돕슨 박사가 있습니다. 돕슨 박사가 최근에 58세 된 한 중년신사를 만났는데 이 분은 어릴 때 생긴 아버지에 대한 분노를 평생 간직하고 있었습니다. 이 분의 아버지는 목사였는데 늘 교회 일과 자기 일에 파묻혀 살았습니다. 한 번도 자기 아들이 참여하는 운동경기나 학교 행사에 참석한 적이 없었습니다. 시간이 흘러 아들이 고등학교 졸업반이 되었을 때입니다. 아들은 학교 풋볼팀의 주전선수로 뛰는 선수였고, 학교 팀은 아주 잘하여 그 해에 주 결승전(state championship)에 진출하게 되었습니다. 아들은 아버지가 경기에 꼭 참석하여 자기가 경기하는 모습을 보기를 원했습니다. 아버지의 지금까지 행동으로 볼 때 크게 기대는 안했지만, 그래도 결승전이기 때문에 참석해 달라고 간청했습니다. "아버지! 금요일 밤 결승전 시합에 꼭 와주시기 바랍니다. 저에게 매우 중요한 일이기 때문입니다." 의외로 아버지가 참석하겠다고 약속하였습니다. 금요일 밤이 되었습니다. 아들이 운동장에 나와 다른 선수들과 함께 몸을 풀고 있는데, 넥타이를 매고 정장을 한 아버지가 다른 남자 두 사람과 함께 경기장으로 들어오는 모습을 발견했습니다. 아버지는 두 사람과 선 채로 몇 분간 이야기를 나누더니 경기장을 떠났습니다. 아마 아버지는 경기장에 왔다갔다는 것을 보여주면 된다고 생각했던 것 같습니다. 그 중년신사는 오래 전에, 40년 전에 있었던 이 일을 이야기하는 동안 하염없는 눈물을 두 뺨에 흘리며 흐느꼈습니다. 자신의 십대시절 아버지로부터 받았던 거절과 실망의 감정이 40년이 흐른 뒤에도 그 때처럼 강하게 살아 있었던 것입니다.

그로부터 1년 뒤 그의 아버지는 83세로 세상을 떠났습니다. 장례식 날 아버지의 관 앞에 서서 그는 이렇게 말했습니다: "아버지, 우리가 서로 많은 사랑을 나눌 수 있었으면 좋았을 텐데요. 그러나 나는 진정한 의미에서 아버지를 전혀 알지 못했습니다."

저는 이 글을 읽으면서 가슴이 섬뜩했습니다. 같은 목사 입장에서 이야기 속의 아버지와 제가 너무 비슷하다고 느꼈기 때문입니다. 아마 여러분 가운데에도 내가 그 아버지와 비슷하다고 느낀 분들이 있을 줄 압니다. 학교 행사에 한 번도 안 가보신 분들, 교사 학부모 컨퍼런스에 늘 아내를 보내고 자신은 한 번도 안 가보신 분들은, 현재 자녀들의 마음속에 아버지에 대한 분노가 쌓이고 있다는 점을 기억해야 합니다.

자녀 안에 쌓여있는 노여움이 초래할 결과를 두려워하고 있습니까?

왜 성경말씀은 자녀들을 노엽게 하지 말라고 명령하고 있습니까? 자녀들의 마음에 분노가 쌓일 경우 어떤 문제가 발생하게 됩니까? 심리학자들은 분노가 쌓이면 자기 자신에 대한 자존감(self esteem)을 상실하고 낙심에 빠지게 된다고 말합니다. 자존감을 상실한 사람은 매사에 자신이 없고 인생의 패배자로 살게 됩니다.

리(Lee)라는 소년의 어머니는 성격이 매우 강하고 위압적이어서 어느 누구도 사랑할 수 없는 사람이었습니다. 3번이나 결혼했는데, 두 번째 남편은 아내의 계속되는 구타에 견디지 못하여 이혼하였습니다. 세 번째 남편이 바로 리의 아버지인데, 리가 태어나기 몇 개월 전에 심장마비로 죽었습니다. 그래서 이 아이의 유아기 때부터 엄마는 생존을 위해 밖에 나가서 일해야 했습니다. 리는 성격이 남자 같은 엄마로부터 아무런 사랑도 받지 못했고, 어떤 훈련도 받지 못하며 성장하였습니다. 형제들조차 그에게 관심을 기울이지 않았기 때문에 늘 혼자 지내야 했습니다. 그런데다 외모가 볼품이 없고 못 생겼고 몸이 작아서 학교에서 친구들도 없었습니다. 어린 시절부터 철저하게 사람들의 외면을 받으며 살아왔습니다. 지능지수는 높았지만 학교성적은 늘 하위권에 머물렀고 고등학교 3학년 때는 결국 학교를 그만두게 되었습니다. 남자다워진다는 말을 듣고 해병대에 지원했지만, 동료 해병대원들이 그를 비웃고 조롱했습니다. 그래서 그는 그들과 싸움을 벌이고 상관의 명령도 불복종하곤 했습니다. 결국 군법회의에 회부되어 불명예제대를 당했습니다.

20대 초반의 젊은이는 친구 한 명 없이 인생의 파산을 당해 쓰레기처럼 세상에 버려졌습니다. 미국이 싫어 외국으로 나갔습니다. 그러나 외국에서도 배척을 당했습니다. 그 곳에서 그 나라 여인과 결혼하여 미국으로 데려왔는데, 그 여인은 사생아로 태어난, 자기처럼 사랑받지 못하고 훈련받지 못한 불쌍한 사람이었습니다. 얼마 지나지 않아 이 여인도 다른 사람들처럼 리를 멸시하게 시작했습니다. 아내는 난폭하게 괴롭히기 시작했고, 심지어 화장실에 감금한 적도 있습니다. 마침내 그를 집에서 내쫓았습니다. 며칠 동안 밖에서 외롭게 지내다가 다시 집으로 돌아와 아내에게 빌며 받아달라고 애원하였습니다. 자존심도 다 버리고 아내 앞에 무릎을 꿇고 빌었습니다. 아내는 계속 이 사람을 비웃고 조롱하였습니다. 친구들 앞에 성적으로 허약하고 무기력한 사람이라는 흉까지 보았습니다. 세상 모든 사람으로부터 심지어 아내로부터 조롱과 멸시를 당하는 자신이 원망스러워 땅에 주저앉아 흐느껴 울었습니다.

그 다음날 그는 이상하게 다른 사람으로 변해 있었습니다. 그는 침대에서 일어나 차고로 가서, 숨겨 두었던 총을 꺼내 들었습니다. 그리고 새로 얻은 직장이 있는 서적보관창고로 갔습니다. 그 날 오후, 1963년 11월 22일, 그는 건물의 6층 창문을 통해서 두 발의 총알을 날려 존 에프 케네디 대통령의 머리를 부숴 버렸습니다. 이 사람의 이름은 리 하비 오스왈드입니다. 자신이 소유하지 못했던 성공, 아름다움, 부, 그리고 사랑을 모두 소유한 사람, 케네디 대통령을 죽임으로 자기 마음속에 쌓였던 분노를 세상에 쏟아버렸던 것입니다.

자녀들을 부드럽게 대하고 있습니까?

우리는 하나님의 말씀에 귀를 기울여야 합니다. 어떤 일이 있어도 자녀들을 노엽게 해서는 안 됩니다. 마음에 분노가 쌓이게 해서는 안 됩니다. 요즘 자녀들을 키우다 보면 화나는 일이 한두 가지가 아닙니다. 아이들이 부모를 존경하지도 않고 부모 말에 순종하지도 않습니다. 미국사회는 자녀들을 체벌하지 못하게 법으로 규제하고 있습니다. 아이들은 이 법을 악용하기도 합니다. 아버지에게 말대꾸하는 것은 보통입니다. 어떤 분은 미국 이민 와서 6개월 정도 지났는데, 영어를 배우기 시작한 아이가 하루는 아버지에게 'you'라고 하는 말을 듣고, 감히 아버지에게 '너'라고 한다고 기분이 나쁘고, 아이들을 망칠 것 같아 그 날로 보따리를 싸고 한국으로 되돌아갔다는 말을 들은 적이 있습니다. 맞습니다. 아이들이 you라고 하면 기분이 나쁩니다. 그러나 화가 난다고 아이들을 함부로 대하거나 아이들을 분노케 하면, 문제가 해결되는 것이 아니라 오히려 악화되게 됩니다. 제2의 Lee가 나오게 됩니다.

종교개혁가 존 칼빈은 "자녀들에게 늘 사랑으로 부드럽게 대하고 소중히 여기라(Let them be fondly cherished)"고 말했습니다. 우리는 아이들을 사랑으로 대해야 하며 그들을 이해하도록 힘써야 합니다. 사춘기 시절의 아이들은 신체적으로 급성장하여 외모는 어른과 같지만, 생각과 정신은 아직 성숙하지 못하여 자기 자신을 어떻게 통제해야 할지 몰라 방황하게 됩니다. 그래서 아이들의 행동이 급변하기도 하고, 예상치 못한 돌발 행동도 하게 되는 것입니다. 부모님들은 이 점을 이해해야 합니다.

가만히 생각해 보면 우리들도 그 나이 때에 똑같이 행동했던 것을 알 수 있습니다. 이유 없이 모든 것이 짜증나고 화가 나지 않았습니까? 부모님 말이 옳은 것을 알면서도 괜히 반항해보고 싶지 않았습니까? 어른들이 모두 위선자로 보여서 기성세대를 무조건 배척하지 않았습니까? 자녀들이 바로 그럴 때인 것을 이해해 주어야 합니다. 이해하고 용납하고 따스한 사랑으로 덮어 주어야 합니다.

여러분의 자녀를 주의 교양과 훈계로 양육하십시오

4절을 다시 보시기 바랍니다: "또 아비들아 너희 자녀를 노엽게 하지 말고 오직 주의 교양과 훈계로 양육하라."

여기서 하나님은 우리가 자녀를 노엽게 하지 말고, 어떤 일을 해야 할 것인가를 가르쳐 주고 계십니다. 그 일은 주의 교양과 훈계로 양육하는 일입니다.

'주의 교양'이란 육체적인 훈련을 의미합니다. 성경말씀대로 살 수 있도록 육체훈련을 시키라는 말씀입니다. 말씀훈련, 기도훈련을 시켜 영적인 사람으로 키워야 합니다. 아울러 체력훈련도 시키고, 인격훈련도 시키고, 정서훈련도 시켜야 합니다. 좌우지간 교양이 몸에 습관으로 배도록 아버지가 시켜야 하는 반복적인 육체훈련을 가리키는 말입니다.

'주의 훈계'는 말로 교육하는 것을 의미합니다. 말을 통한 훈련입니다. 징계, 교정, 충고, 조언, 격려 등 말로 하는 교육입니다. 성경말씀을 들어 아이들이 잘못할 때 그 잘못을 꾸짖고 교정해 주며, 아이들이 잘 할 때는 주의 말씀으로 격려하고 칭찬하는 교육을 부지런히 해야 합니다. 그러할 때 아이들은 아버지를 존경하며 좋은 사랑의 관계 속에서 성장하게 됩니다.

이런 교육을 위해 가장 중요한 것은 아이들과 시간을 함께 보내는 일입니다. 아무리 중요한 일이 많고 바쁜 일이 많아도 자녀 교육보다 더 중요한 일이 없습니다. 다른 일은 못하더라도 자녀들을 위한 시간을 반드시 마련해야 합니다. 제가 아는 어떤 집사 부부는 남편은 약사로 약국을 경영하고 부인은 옷가게를 두 개나 경영하는 바쁜 분들입니다. 그런데 그 바쁜 중에도 교대로 시간을 조정하여 아이들이 학교에서 돌아올 시간이면 부모 중 한 사람이 집에 가서 아이들을 기다립니다. 아이에게 따뜻한 간식을 주며, 학교에서 있었던 일을 이야기합니다. 아이들이 신앙적으로 반듯하게 잘 자랐고, 학교성적도 좋아 세 자녀가 모두 명문대학에 진학하였습니다.

탈선하는 아이들은 주로 부모가 집에 없는 시간, 즉 방과 후 부모가 없는 집에 함께 모여 술을 마시고 담배를 피우며 마약을 합니다. 음란비디오를 봅니다. 아이들의 책임이 아니라, 그런 여건과 기회를 제공한 어른들의 책임입니다. 요즘 세상은 우리들이 자랄 때보다 더 악하고 음란합니다. 탈선과 타락의 유혹이 얼마나 많은지 모릅니다. 요즘 아이들이 문제가 아니라, 요즘 어른들이 문제라고 생각합니다. 옛날에는 어른들이 집에 있었습니다. 대부분 어머니가 집에 있었습니다. 그러나 지금은 그렇지 않습니다. 거의 집집마다 부모가 모두 일하러 나가 아이들만 집에 있습니다. 시간을 내야 합니다. 우선순위를 가정에 두고, 자녀교육에 두어야 합니다.

아버지가 살아야 가정이 십니다

성경적인 자녀교육에 대해 함께 생각해 보았습니다. 특별히 아버지의 역할과 사명에 대해서 배웠습니다. 아이들이 성격과 성품이 정상적인 사람으로 성장하는 데 있어서, 집에서 보여주는 아버지의 모델이 절대적인 영향을 끼친다고 합니다. 특히 남자아이일 경우에는 더 중요합니다. 아이들이 성장과정의 80퍼센트의 시간을 어머니와 함께 보내기 때문에 아버지로부터 남자의 역할을 제대로 배우지 못한다고 합니다. 장성하여도 남자답지 못한 행동을 하게 된다고 합니다.

아버지가 살아야 가정이 살게 됩니다. 오늘부터 열심히 아버지의 역할을 감당하시기 바랍니다. 자녀들을 위해 시간을 내십시오. 내가 어렸을 때, 아버지가 나한테 해주기 원했던 것을 자녀에게 해 주시기 바랍니다. 아이들을 노엽게 하는 일은 어떤 경우에도 피해야 하겠습니다. 오직 주의 교양과 훈계로 양육하시기 바랍니다. 훌륭한 아버지들로 인해 가정들이 살아나기를 예수님의 이름으로 축복합니다.

2

어머니의 위대한 힘

본문 : 디모데후서 1:3-5

아버지의 선물

나의 밤낮 간구하는 가운데 쉬지 않고 너를 생각하여 청결한 양심으로 조상적부터 섬겨 오는 하나님께 감사하고 네 눈물을 생각하여 너 보기를 원함은 내 기쁨이 가득하게 하려 함이니 이는 네 속에 거짓이 없는 믿음을 생각함이라 이 믿음은 먼저 네 외조모 로이스와 네 어머니 유니게 속에 있더니 네 속에도 있는 줄을 확신하노라

본문 : 디모데후서 1:3-5

02.
어머니의 위대한 힘

본문 : 디모데후서 1:3-5

대통령을 키운 어머니들

『대통령을 키운 어머니들』(First Mothers)이라는 책이 2003년도에 발행되어 베스트셀러가 된 적이 있습니다. 타임지에서 25년 이상 근무하며 백악관 담당특파원을 역임했던 보니 엔젤로라는 기자가 루즈벨트 대통령부터 클린턴 대통령에 이르기까지 최근 11명의 대통령을 길러낸 어머니들을 연구하여 펴낸 책입니다. 저자는 이 책에서 11명의 대통령이 미국의 대통령이 될 수 있었던 것은 80%가 어머니의 자녀교육 덕분이었다고 밝히고 있습니다.

이 어머니들은 극성에 가까운 자녀교육을 하였는데, 한 예로 아이들이 베이비시절부터 책을 읽어주어 열한 명의 대통령이 모두 초등학교에 들어가기 전에 책을 읽을 줄 알았다고 합니다. 카터 대통령의 어머니 릴리안은 신앙 교육과 도덕 교육에도 심혈을 기울인 훌륭한 분이었습니다. 그녀는 68세에 평화봉사단원이 돼 인도에 가서 간호활동을 펼쳤는데, 이런 삶은 카터 대통령이 퇴임 후 「사랑의 집짓기 운동」(국제 해비타트) 등 평화, 인권운동에 앞장서게 되는 영향을 끼쳤습니다.

하루는 사람들이 세계를 정복했던 나폴레옹에게 "조국 프랑스에 가장 필요한 것이 무엇입니까?"라고 물었을 때, 그는 한마디로 "어머니들"이라고 대답했다고 합니다.

세계적인 대문호 빅토르 위고는 이렇게 말했습니다: "어머니는 인류의 반석이요, 역사의 구심점이며, 무명의 영웅이다."

디모데후서 1장 3-5절을 중심으로 어머니들이 실천해야 할 성경적인 자녀교육 방법에 알아보고자 합니다.

균형 잡힌 신앙 훈련으로 자녀를 기르고 있습니까?

자녀 교육의 목적은 인생을 준비시켜 주는 것임을 기억하십시오

성경은 자식을 양육하는 목적 중의 하나가 인생을 위해서 준비시켜 주는 것이라고 말씀합니다. 하나님은 가정을 인생의 교육센터로 계획하셨고, 교사로 부모를 세우셨습니다. 걷기, 말하기, 먹기, 예의범절 등 인생의 모든 기본적인 기술을 가정에서 배웁니다.

누가복음 2장 52절에 이런 말씀이 있습니다: "예수는 그 지혜와 그 키가 자라가며 하나님과 사람에게 더 사랑스러워 가시더라."

여기서 예수님이 성장한 네 가지 분야에 대해 가르쳐 주고 있습니다. 첫째, 예수님은 지혜가 자랐다고 말합니다. 지적, 정신적 성장입니다. 둘째, 주님은 키가 자랐습니다. 육체적 성장입니다. 셋째, 하나님께 사랑스러워 가셨습니다. 영적인 성장입니다. 넷째, 사람에게 사랑스러워 가셨습니다. 사회적 성장입니다. 이 네 가지가 바로 우리가 자녀들을 양육하는 목표입니다. 자녀들이 균형 잡힌 성장을 할 수 있도록 도와야 합니다.

이 네 가지 성장을 위한 훈련을 둘로 요약할 수 있습니다. 첫째는 신앙 훈련이요, 둘째는 인격 훈련입니다. 디모데는 사도 바울의 영적인 아들이요, 그의 후계자였습니다. 디모데는 바울의 뒤를 이어 훌륭하게 사명을 감당한 영적인 지도자였습니다.

지금 사도 바울은 복음을 전하다가 로마 감옥에 갇혀 죽음을 앞두고 있는 상황에 처해 있습니다. 사랑하는 믿음의 아들 디모데에게 유언과 같은 편지를 쓰고 있습니다. 디모데를 생각하며 기도할 때마다 바울의 마음에는 감사가 넘쳤습니다. 그 이유는 디모데가 갖고 있는 청결한 양심과 거짓이 없는 믿음 때문이었습니다.

그런데 그의 이런 신실한 믿음은 그의 외할머니 로이스와 어머니 유니게로부터 받은 것임을 밝히고 있습니다. 본문 5절은 "이는 네 속에 거짓이 없는 믿음이 있음을 생각함이라 이 믿음은 먼저 네 외조모 로이스와 네 어머니 유니게 속에 있더니 네 속에도 있는 줄을 확신하노라"라고 말씀하고 있습니다.

디모데는 아버지가 헬라사람이고 어머니가 유대인이었습니다. 그는 어릴 때부터 어머니의 신앙교육을 통하여 하나님을 믿는 신앙인이 되었습니다. 그런데 어머니의 신앙은 그의 어머니, 즉 디모데의 외할머니의 신앙교육을 통하여 갖게 된 것입니다. 믿음은 이처럼 어머니의 교육에 의해 대부분 가지게 됩니다.

인생은 온갖 풍랑으로 가득 차 있습니다. 어떤 때는 허리케인이 오기도 하고, 어떤 때는 돌풍이 불기도 합니다. 인생의 풍랑은 우리를 때리고, 상처를 주고, 망가뜨립니다. 우리가 계획하지 않은 곳으로 몰고 갑니다. 인생에서 우리는 여러 번 실패를 경험하게 됩니다. 시험에서 떨어지거나, 승진에서 누락되거나, 사업에서 실패할 때가 있습니다. 때로는 대인관계에서 실패를 경험할 때도 있습니다. 실패는 우리에게 말할 수 없는 고통과 좌절감을 안겨 줍니다. 요즘 자살하는 사람들이 많은데 실패의 고통과 절망감을 이기지 못해 무너지기 때문입니다.

잠언 14장 26-27절에 이렇게 기록되어 있습니다: "여호와를 경외하는 자에게는 견고한 의뢰가 있나니 그 자녀들에게 피난처가 있으리라. 여호와를 경외하는 것은 생명의 샘이니 사망의 그늘에서 벗어나게 하느니라."

자녀들에게 신앙 훈련을 시켜야 하는 이유가 바로 여기에 있습니다. 인생의 풍랑을 만났을 때, 믿는 자들에게 하나님이 완전한 피난처가 되시기 때문입니다. 찬송가 478장의 가사대로, '주 날개 밑 내가 편안히 쉬네/ 밤깊고 비바람 불어쳐도/ 아버지께서 날 지키시리니/ 거기서 편안히 쉬리로다. 주 날개 밑 나의 피난처되니/ 거기서 쉬기를 원하노라/ 세상이 나를 못 위로해 주나/ 거기서 평화를 누리로다.'

여러분은 특히 어머니들은 열심히 신앙 훈련을 시켜야 합니다. 어릴 때부터 하나님을 경외하는 것을 가르쳐야 합니다.

신앙훈련의 기본은 말씀 훈련입니다. 어릴 때부터 성경말씀을 읽어주고 성경을 암송하도록 가르쳐야 합니다. 신명기 6장 6-7절에서 하나님은 이렇게 명령하십니다: "오늘 내가 네게 명하는 이 말씀을 너는 마음에 새기고 네 자녀에게 부지런히 가르치며 집에 앉았을 때에든지 길을 갈 때에든지 누워 있을 때에는지 일어날 때에든지 이 말씀을 강론할 것이며."

옥스퍼드 대학의 교수였으며 영국의 비평가였던 존 러스킨은 이렇게 고백한 적이 있습니다: "나의 성격형성에 있어서 어머니의 영향은 너무나 뚜렷했습니다. 어머니께서는 나에게 매일 성경을 여러 장씩 외우도록 시켰습니다. 어머니의 신중하고도 안목 있는 배려에서 나온 그러한 훈련 덕분에 나는 땀 흘려 일할 수 있는 능력은 물론 문학적인 감각도 갖게 되었습니다."

우리가 잘 아는 아브라함 링컨 대통령의 어머니도 어릴 때부터 철저히 말씀 훈련을 시켰습니다. 우리는 말씀 훈련과 함께 기도 훈련도 열심히 시켜야 하며, 주일성수와 십일조 훈련도 철저히 시켜야 합니다.

자녀들이 잘 살기 원하시면 록펠러의 어머니처럼 어릴 때부터 십일조 훈련을 시키시기 바랍니다. 한인 2세 교회를 담임하는 한인 2세 목사로부터 들은 이야기입니다. 2세들이 대체로 헌금생활을 잘 안한다고 합니다. 그 이유가 무엇인가 가만 생각해 보니 부모가 교육을 안 시켰기 때문이라는 것입니다. 주일날 아이가 유치부에 갈 때 헌금을 1불을 줍니다. 유년부에 올라가도 1불을 줍니다. 중고등부에 올라가도 여전히 1불을 줍니다. 대학에 가서 교회를 다닐 때도 1불을 헌금합니다.

여러분이 "온전한 십일조를 바치면 하나님께서 반드시 복을 주신다"고 확실히 믿으신다면 아이들에게 어릴 때부터 십일조 생활을 가르치시기 바랍니다. 여러분은 부모로서 균형 잡힌 신앙 훈련으로 자녀를 기르고 있습니까?

균형 잡힌 인격 훈련으로 자녀를 기르고 있습니까?

두 번째로 생각할 것은 인격 훈련입니다. 신앙 훈련만큼 중요한 것이 인격 훈련입니다.

인격 훈련은 성품 훈련, 가치관 훈련, 도덕 훈련 등을 모두 포함합니다.

자동차 왕 헨리 포드는 교회의 장로였으며 훌륭한 신앙인이었습니다. 그는 어머니에 대해 이렇게 말했습니다: "나는 어머니가 내게 희생하신 것과 같은 생활을 하려고 애썼습니다. 어머

니는 어린 나를 향하여 인간이 가진 세계에 대한 최대의 의무는 봉사라고 가르쳐 주셨습니다. 나는 어머니를 신뢰하고 언제나 그 가르침에 따르려고 애썼고 어머니 또한 나를 신용하셔서 자상하게 여러 가지 교훈을 주셨습니다."

한국 어머니들의 교육열은 그 누구도 따를 수 없습니다. 재산을 다 팔아서라도 자녀를 교육시킵니다. 영어교육을 시키기 위해서 남편과 떨어져 몇 년을 지내는 것도 마다하지 않습니다. 정말 대단한 열정입니다. 그런데 문제는 지식 습득을 위한 교육에 그치고 인격 훈련에는 관심이 거의 없다는 것입니다. 교육의 기본은 사람이 되는 것입니다. 사람다운 사람으로 만드는 것입니다. 학교는 인격 훈련을 시키지 않습니다. 사회도 인격 훈련을 시켜주지 않습니다. 인격을 훈련 받을 수 있는 유일한 곳은 가정입니다. 가정에서도 인격 훈련을 받지 못하면 사람다운 사람이 될 수 없습니다. 인격이 덜 된 사람도 인격이 좋지 않은 사람을 못 봐 줍니다. 사회에서 성공할 수 없습니다.

아이들이 18살 될 때까지 텔레비전에서 십만 번 이상의 성적인 장면을 본다고 합니다. 텔레비전에 나오는 성관계의 91%가 외도를 그리고 있습니다. 옳고 그름의 판단력이 없는 어린시절부터 이런 장면을 수천 번 수만 번 본 아이들은 세뇌가 됩니다. 폭력장면은 또 얼마나 많습니까? 청소년들이 탈선하지 않는 것이 비정상인 환경에서 우리 자녀들이 자라나고 있습니다. 초등학교 학생이 총을 학교에 가져와 선생님과 친구들을 쏴서 죽이는 행동이 어디서 비롯된 것인지 너무나 분명합니다.

아이들과 함께 텔레비전을 보면서 외도가 나쁜 것임을, 폭력이 나쁜 것임을 분명히 가르쳐 주어야 합니다. 사람이 정직하게 살아야 하고, 진실되게 살아야 함을 가르쳐야 합니다. 돈보다 더 중요한 것이 신용이며, 인간의 목숨임을 가르쳐 주어야 합니다.

자녀를 위한 희생과 헌신이 있습니까?

자녀를 위해 신앙 훈련과 인격 훈련을 시키려면 부모가 희생과 헌신을 해야 합니다. 시간을 투자해야 하며 땀과 정성을 들여야 합니다. 아이들과 함께 시간을 보내야 하며 아이들의 이야기를 들어주어야 합니다.

저는 우리 교회 교인 중의 한 분이 대학에 다니는 딸에게 거의 날마다 전화를 걸어 대화를 나눈다는 이야기를 듣고 감명을 받은 적이 있습니다. 저는 또 어떤 목사가 대학생 자녀에게 일주일 두세 번씩 이메일을 보내는 것을 본 적이 있습니다. 지난

가을에 제 큰 애가 대학에 간 이후에 실천해 보았습니다. 일주일에 한 번 전화나 이메일을 보내려고 하는데 잘 안 됩니다. 이 삼 주에 한 번씩 하는 것 같습니다. 그런데 확실히 효과가 있는 것을 경험하고 있습니다. 관심이 있어야 하고 마음이 있어야 하고 정성을 쏟아야 합니다.

더 중요한 것은 기도하는 일입니다. 자녀들을 위해 부지런히 기도해야 합니다. 세상에 얼마나 악과 유혹이 범람하고 있습니까? 기도밖에 없습니다.

감리교 창시자 요한 웨슬레의 어머니 수잔나는 19명의 자녀를 낳아 길렀습니다. 목사였던 남편은 사역에 열심을 내느라고 거의 자녀교육에 신경 쓰지 못했습니다. 수잔나는 많은 자녀를 기르는 중에도 매일 한 시간씩 방문을 걸어 잠그고 하나님께 자녀들을 위해 기도하였습니다. 그 결과 자녀들은 모두 훌륭한 신앙인이 되었으며, 요한 웨슬레와 함께 동생 찰스 웨슬레는 수천 편의 찬송시를 써서 영국의 영적 부흥에 크게 기여하였습니다.

혹시 자녀가 없는 분들이 있으십니까?

여러분 가운데 자녀가 없는 분들에게 한 말씀 드리고자 합니다. 아직 결혼 안했거나, 또는 결혼했지만 아이가 없는 분들이 있을 것입니다. 이 세상에는 여러분의 사랑과 돌봄이 필요한 수백 수천 수백만 명의 아이들이 있습니다. 이 아이들을 입양하면 좋겠습니다. 어머니날은 많은 사람들에게 있어서 행복한 날만은 아닙니다. 이 세상은 엄마에 굶주려 있습니다. 이 세상에는 여러분들이 돌볼 수 있는 것 이상으로 엄마들을 필요로 하고 있습니다.

우리가 살고 있는 미국에서 8초마다 학생 한 명이 학교를 그만둡니다. 26초마다 한 아이가 집에서 가출합니다. 47초마다 한 아이가 학대를 당합니다. 67초마다 십대가 임신을 합니다. 7분마다 마약복용으로 아이가 경찰에 체포됩니다. 30분마다 한 아이가 음주운전으로 체포됩니다. 36분마다 한 아이가 총에 맞아 죽습니다. 53분마다 한 아이가 굶주려 죽습니다. 아프리카나 남미의 가난한 나라들의 사정은 이루 말할 수 없습니다.

이 세상에는 어머니가 필요합니다. 물론 아버지도 필요하구요. 하나님께서 여러분에게 양육의 마음을 주셨습니까? 이런 불쌍한 아이들을 향한 마음이 있습니까? 여러분은 이런 아이들을 섬길 수 있고 사랑을 나눌 수도 있습니다. 여러분 안에 있는 엄마의 본능을 낭비하지 마시고, 이런 데 사용하시기 바랍니다.

위대한 어머니의 힘을 발휘하십시오

어머니는 위대한 힘을 가지고 있습니다. 어머니는 자녀의 인생에 가장 큰 영향을 미칩니다. 자녀의 행복과 불행이 어머니에 달려 있다고 해도 과언이 아닙니다. 어머니의 기도와 헌신에 따라 대통령이 될 수도 있고, 과학자가 될 수도 있고, 대 설교자가 될 수도 있습니다. 그러나 가장 중요한 것은 자녀를 믿음의 사람으로 기르는 것입니다. 하나님을 온전히 경외하는 믿음의 사람을 만드는데 모든 노력을 다 기울여야 합니다. 디모데의 어머니 유니게처럼 믿음과 기도로 자녀를 양육하는 어머니들이 되시고, 아버지들도 함께 자녀 양육에 최선을 다하시기로 결단하십시오.

3

모세가 받은 가정교육

본문 : 출애굽기 2:1-15

아버지의 선물

레위 족속 중 한 사람이 가서 레위 여자에게 장가 들었더니 그 여자가 잉태하여 아들을 낳아 그 준수함을 보고 그를 석달을 숨겼더니 더 숨길 수 없이 되매 그를 위하여 갈 상자를 가져다가 역청과 나무 진을 칠하고 아이를 거기 담아 하숫가 갈대 사이에 두고 그 누이가 어떻게 되는 것을 알려고 멀리 섰더니 바로의 딸이 목욕하러 하수로 내려오고 시녀들은 하숫가에 거닐 때에 그가 갈대 사이에 상자를 보고 시녀를 보내어 가져다가 열고 그 아이를 보니 아이가 우는지라 그가 불쌍히 여겨 가로되 이는 히브리 사람의 아이로다 그 누이가 바로의 딸에게 이르되 내가 가서 히브리 여인 중에서 유모를 불러다가 당신을 위하여 이 아이를 젖 먹이게 하리이까 바로의 딸이 그에게 이르되 가라 그 소녀가 가서 아이의 어미를 불러오니 바로의 딸이 그에게 이르되 이 아이를 데려다가 나를 위하여 젖을 먹이라 내가 그 삯을 주리라 여인이 아이를 데려다가 젖을 먹이더니 그 아이가 자라매 바로의 딸에게로 데려가니 그의 아들이 되니라 그가 그 이름을 모세라 하여 가로되 이는 내가 그를 물에서 건져내었음이라 하였더라 모세가 장성한 후에 한번은 자기 형제들에게 나가서 그 고역함을 보더니 어떤 애굽 사람이 어떤 히브리 사람 곧 자기 형제를 치는 것을 본지라 좌우로 살펴 사람이 없음을 보고 그 애굽 사람을 쳐죽여 모래에 감추니라 이튿날 다시 나가니 두 히브리 사람이 서로 싸우는지라 그 그른 자에게 이르되 네가 어찌하여 동포를 치느냐 하매 그가 가로되 누가 너로 우리의 주재와 법관을 삼았느냐 네가 애굽 사람을 죽임 같이 나도 죽이려느냐 모세가 두려워하여 가로되 일이 탄로되었도다 바로가 이 일을 듣고 모세를 죽이고자 하여 찾은지라 모세가 바로의 낯을 피하여 미디안 땅에 머물며 하루는 우물 곁에 앉았더라

본문 : 출애굽기 2:1-15

03.
모세가 받은 가정교육

본문 : 출애굽기 2:1-15

위대한 사람 뒤에는 언제나 훌륭한 어머니가...

　　　　　　아브라함 링컨 대통령은 "내가 배웠던 교훈 중 가장 위대한 교훈은 어머니 무릎에서 배운 것이다."라고 말했으며, 빅터 위고는 "어머니는 인류의 반석이요, 역사의 구심점이며, 무명의 영웅이다."라고 말했습니다. 이는 어머니가 얼마나 위대하고 중요한 사람인가를 잘 설명해 주는 말들입니다. 오늘은 미국사람들이 국가적으로 어머니의 날로 지키며, 교회들은 어머니 주일로 지키는 날입니다.

　어머니는 영원한 마음의 고향입니다. 어머니란 말은 우리의 마음을 포근하게 만들어주며 평안하게 만들어 줍니다. 모든 인간은 어머니를 통해 세상에 나오며 어머니를 통해 세상을 배우며 어머니를 통해 사람이 됩니다. 훌륭한 인물 뒤에는 언제나 훌륭한 어머니가 있습니다. 위대한 사람 뒤에는 반드시 헌신적인 어머니가 있습니다. 믿음의 거장 뒤에는 반드시 기도의 어머니가 있습니다.

이스라엘의 역사에서 가장 위대한 지도자는 모세입니다. 그는 400여 년 동안 이집트의 압제 밑에서 노예 생활하던 이스라엘 민족을 구출하여 국가를 이룩하는 업적을 세웠습니다. 모세가 이처럼 위대한 사람이 될 수 있었던 원인 중의 하나는 그에게 훌륭한 어머니가 있었기 때문입니다. 출애굽기 6장 20절에 보면 모세의 어머니의 이름은 요게벳입니다. 요게벳은 지혜롭고 헌신적인 어머니였습니다. 본문에서 우리는 그의 어머니로서 세 가지 훌륭한 점을 발견할 수 있습니다. 이는 모든 어머니가 본받아야 할 세 가지 사명입니다.

본문을 통해 모세의 어머니가 모세를 양육한 성경적 원리를 발견하면서 현대를 살아가는 어머니로서 반드시 붙들어야 할 세 가지 사명에 헌신하는 계기가 되길 원합니다.

자식의 '보호자'로서의 사명에 충실하고 있습니까?

어머니의 첫 번째 성경적인 사명은 '자식의 보호자로서의 사명'입니다. 모세가 태어날 당시 이스라엘 민족은 이집트의 노예상태에 있었습니다. 처음부터 이스라엘 백성들이 노예가 된 것이 아닙니다. 요셉이 총리대신으로 있을 때, 아버지 야곱과 11형제의 모든 가족이 가나안에서 이주해 와서 고센이라는 비옥한 땅에 정착하였습니다. 몇 세대가 지나며 야곱의 후손들, 즉 이스라엘 민족의 수가 급격히 늘어나게 되었습니다. 이로 인해 이집트 사람들은 위기감을 느꼈고 그래서 이때부터 억압을 시작하였습니다. 결국 자유를 박탈하고 노예로 삼았습니다. 이렇게 탄압하는데도 인구는 계속 늘어나게 되자, 이집트 바로 왕은 명령을 내렸습니다. 여자아이가 나면 살려 두지만 남자아이가 나면 강물에 던져 죽이라는 명령이었습니다. 이 때 모세가 태어났습니다.

어머니 요게벳은 바로 왕의 명령을 어기고 모세를 숨겼습니다. 보통 어려운 일이 아닙니다. 10개월 동안 임신한 사실을 동네사람들이 다 알고 있었을 텐데 그 사실을 숨기는 것이 불가능했을 것입니다. 아마 아들인데 물에 던졌다고 거짓말을 했을 것 같습니다. 그리고는 계속 숨기고 있었습니다. 석 달이나 숨겼습니다. 3절을 보면, "더 숨길 수 없게 되매"라는 구절이 있습니다. 어머니로서 최대한 숨길 때까지 숨겼습니다. 아마 아이가 자라면서 울음소리가 커져 집 바깥으로 나가니까 더 이상 감당할 수 없게 된 것 같습니다. 당시 바로 왕의 명령을 어긴다는 것은 곧 죽음을 의미합니다. 어머니 요게벳은 자신의 죽음을 무릅쓰고 아이의 생명을 지켰습니다. 이제 갈대상자를 구하여 안팎에 역청과 나무 진을 칠했습니다. 역청과 나무 진을 칠한 것은 물이 새지 않도록 하기 위해서입니다. 역청이나 나무 진 중 한 가지만 칠해도 되는데 비슷한 것을 둘 다 칠한 것은 물이 한 방울이라도 들어오지 못하게 하려는 강렬한 모성애의 표현이라고 할 수 있습니다.

  어머니는 자식을 보호해야 할 사명이 있습니다. 과거 한국의 6.25전쟁 중에 먹을 것이 없을 때, 어머니는 굶으면서 자식들을 먹였던 일들이 얼마나 많았습니까? 자신은 못 먹어 영양실조에 걸리면서도 자식의 생명을 지키는 어머니들의 희생이 오늘 우리가 있게 하였습니다. 여러분은 어머니로서 자식들을 향한 보호자로서 사명에 충실하고 있습니까?

자식의 '양육자'로서의 사명에 충실하고 있습니까?

어머니의 두 번째 성경적인 사명은 '자식의 양육자로서의 사명' 입니다. 하나님은 요게벳의 마음과 정성을 보시고 그에게 은혜를 베풀었습니다. 갈대상자에 모세를 넣은 후 나일강가에 띄웠습니다. 어느 성경학자는 요게벳이 이집트 공주가 목욕하는 강가에 일부러 갖다 놓은 것 같다고 설명을 합니다. 우리가 확실히 알 수 없지만, 분명한 것은 모세가 들어있는 갈대상자를 이집트 공주가 발견한 것입니다. 갈대상자를 열어보니 그 안에 히브리 아이가 놓여 있었습니다. 아이가 큰소리를 내어 울고 있는데, 이 때 하나님이 공주의 마음에 아이를 불쌍히 여기는 마음을 일으키셨습니다.

먼발치에 떨어져 모세가 어떻게 될 것인가를 살펴보던 모세의 누이가 공주에게 가까이 가서 "히브리 사람 가운데 유모를 한 사람 데려올까요?" 하고 묻습니다. 이 누이는 미리암이었던 것으로 생각됩니다. 미리암은 이 때 14세 혹은 15세 정도 되었던 것으로 추정됩니다. 공주가 허락하자 미리암은 바로 달려가서 어머니를 불러옵니다. 요게벳은 하나님의 은혜로 아이의 생명을 살리게 됨은 물론 아이의 유모가 되어 직접 집에서 아이가 젖을 뗄 때까지 기를 수 있게 됩니다. 게다가 공주로부터 월급을 받는 조건으로 양육하게 됩니다. 아기 모세는 모든 남자아이들이 죽임당하는 때에 살아났을 뿐 아니라 친엄마 품에서 젖을 먹으며 양육 받는 복을 누렸습니다.

아이에게 엄마가 가장 필요한 때는 태어난 직후부터 젖을 떼고 말을 배우기 시작할 때까지입니다. 이 때 충분한 영양이 공급되어야 하고, 지적인 자극을 받아 말을 배우고 지혜를 습득해야 합니다. 심리학자들의 연구결과에 의하면 아이들이 3살 정도되면 뇌의 80퍼센트 이상이 발달된다고 합니다. 유대인들은 대략 3살에서 5살까지 젖을 먹였습니다. 우리나라도 옛날에는 오랫동안 젖을 먹였습니다. 특별한 간식이 별로 없던 시절이니까 아이에게 먹일 것이 엄마 젖밖에 없었습니다. 어떤 분은 초등학교 들어갈 때까지 어머니의 젖을 먹었다는 이야기를 들은 적이 있습니다.

1960년대에 스포크의 『육아법』이라는 책이 나와 1980년대까지 상당한 인기를 끌었습니다. 그 중에 하나가 모유 대신 우유를 먹이고 젖을 빨리 떼라는 내용이 있습니다. 그래서 젊은 엄마들이 그렇게 길렀습니다. 또 자기 체형을 보호하고 미용을 위해서 젖을 먹이지 않는 이들이 많이 있었습니다. 그런데 최근 계속 발표되는 연구결과는 모유를 먹고 자란 아이들이 우유를 먹고 자란 아이보다 건강하고 지능이 뛰어나다는 것입니다. 어머니 품속에 안겨 심장박동 소리를 들으며 젖을 물고 있을 때 아이는 가장 행복하고 최고의 안정감을 느낀다고 합니다. 그런데 비슷하게 만들었지만 전혀 감촉이 다른 고무로 만든 젖을 빨고 우유를 먹고 있으니 아이들이 얼마나 불쌍합니까? 사람이 사람의 젖을 먹고 자라야지, 송아지가 먹는 소젖을 사람이 먹고 자라니 요즘 현대인들이 모두 소나 개 같은 짐승들 같지 않습니까? 젊은 엄마들에게 당부합니다. 여러분의 아이를 사람으로 기르고 싶으면 사람의 젖을 먹이시기 바랍니다.

한 가지 기가 막힌 사실은, 스포크 박사가 몇 년 전 세상을 떠났는데, 그가 죽기 전에 자기 육아법이 잘못되었다고 시인하였다는 것입니다. 자신은 잘못되었다고 한마디 사과하면 그만이지만, 그 육아법대로 잘못 길러진 아이들은 어떻게 합니까? 이제라도 모유를 먹여야 합니까? 아이가 어릴 때 잘 양육하는 것은 어머니의 중요한 사명입니다. 어머니로서 얼마나 자식의 양육자로서의 사명에 충실하고 있습니까?

자식의 '교육자'로서의 사명에 충실하고 있습니까?

어머니의 세 번째 성경적인 사명은 '자식의 교육자로서의 사명' 입니다. 로날드 레이건 대통령이 미국의 제40대 대통령으로 취임하는 선서를 할 때, 손을 얹었던 성경책은 어머니로부터 물려받은 낡은 성경책이었습니다. 이 성경책은 그의 집안에 가장 귀중한 가보라고 합니다. 레이건 대통령의 어머니는 평생 읽던 성경책을 아들에게 물려주었는데 어머니의 신앙교육이 얼마나 그의 인생에 영향을 미쳤는가를 잘 보여주고 있습니다.

모세의 어머니 요게벳은 어린 모세에게 신앙교육과 민족교육을 시켰습니다. 본문 11-15절에 그가 장성한 후에 있었던 사건 하나가 기록되어 있습니다. 바로 공주의 아들이 되어 궁중에서 왕자의 신분으로 최고의 교육을 받은 모세가 하루는 길을 가다가 애굽 사람이 히브리 사람을 때리는 것을 보았습니다. 좌우를 살펴보니 아무도 없었습니다. 그 자리에서 애굽 사람을 죽이고 모래에 묻어 버렸습니다. 다음 날 다시 나갔는데 이번에는 히브리 사람들 간에 서로 싸우고 있었습니다. 왜 같은 동포들끼리 싸우느냐, 싸우지 말라고 말렸습니다. 여기서 우리는 모세의 강한 민족의식을 볼 수 있습니다. 11절에서 히브리 사람을 자기 형제라고 표현하고 있을 정도입니다. 그는 아주 어릴 때부터 애굽 왕의 궁중에서 애굽 사람의 교육을 받았습니다.

그런데 그의 이런 투철한 민족의식, 민족사랑의 정신은 어디에서 온 것입니까? 바로 어머니의 교육에서 온 것입니다. 모세를 품에 안고 민족의 역사를 가르쳤습니다. 민족의 조상 아브라함과 이삭과 야곱에 대해 이야기해 주었습니다. 요셉이 총리대신이 되기까지의 흥미진진한 이야기를 들려주었습니다. 여기서 어린 모세의 마음속에 민족의식이 깊이 뿌리내리게 되었습니다. 요게벳은 민족 교육과 아울러 신앙교육을 시켰습니다. 그가 하나님의 부르심을 받아 영적 지도자가 된 것은 어릴 때부터 받아온 신앙교육이 바탕이 되었습니다. 어머니 요게벳이 훌륭한 신앙교육을 시킨 증거는 다른 자녀들을 볼 때 분명해집니다. 미리암과 아론은 모세의 형제들입니다. 미리암은 여선지자로서 활동하였으며, 아론은 대제사장으로 활동하였습니다. 한 집안의 형제들이 출애굽을 전후하여 민족의 영적 지도자로서 크게 활약한 것은 바로 요게벳이 얼마나 신앙교육을 잘 시켰는지를 증명해 주는 것입니다.

과학기술처장관과 국제원자력기구총회 의장을 역임한 정근모 장로는 세계적으로 유명한 핵물리학 석학입니다. 이 분은 경기중학교, 경기고등학교를 수석 입학하고, 고등학교를 4개월 만에 검정고시로 마치고 서울대학교에 입학한 천재입니다. 미국에 유학 와서 2년 만에 박사학위를 취득하고 24살에 플로리다대학에 교수가 되어 미국을 떠들썩하게 한 일화가 있습니다. 머리가 뛰어난 천재임에도 겸손하고 철저히 신앙으로 사는 귀한 분입니다.

그는 자신이 쓴 책에서 어머니의 교육이 오늘의 자기를 만들었다고 고백하고 있습니다. 그의 어머니는 평생 위장병으로 고생하며 투병하는 병약한 분이셨지만, 어릴 때부터 책을 많이 읽히고 글을 많이 쓰는 훈련을 시켰습니다. 1951년도에 전국의 초등학생들을 대상으로 제 1회 전국 국가고시가 있었습니다. 당시 초등학교 6학년이던 정근모 어린이가 시험을 치르던 날 아침, 어머니는 옷을 깨끗하게 차려 입으시고 앉아 연필을 깎고 있었습니다. "이걸로 시험을 보거라" 하시며 연필을 손에 쥐어 주었습니다. 거의 일어날 수 없는 몸이었지만 어린 아들이 시험 보러 가는 날 일찍 일어나 새 옷을 입고 답안지를 작성할 연필을 깎아 주며 이렇게 격려를 하였습니다: "네가 전국에서 1등을 해서 너의 얼굴이 신문에 날 것이다." 신나게 시험을 치루고 집에 돌아왔는데, 어머니가 쓰러져 혼수상태에 있었고, 이틀 후에 세상을 떠났습니다. 어머니의 말대로 정근모 어린이는 전국 수

석을 차지하였습니다. 어린 아들을 위하여 마지막 불꽃을 사르는 어머니의 헌신, 자신감과 확신을 심어주는 교육이 그의 평생 재산이 되었던 것입니다.

요즘 가정에서의 교육, 특히 어머니의 교육을 찾아보기 힘든 것 같습니다. 감리교의 창시자 요한 웨슬레의 어머니 수잔 웨슬레는 "아이가 말을 배울 때부터 기도하는 법을 가르치라"고 말했습니다. 그는 18명의 아이들을 모두 훌륭한 신앙인으로 키웠습니다. 그는 어릴 때부터 철저하게 아이들을 신앙교육을 시켰습니다.

신앙 교육과 함께 민족 교육을 시켜야 합니다. 자기 민족의 정체성이 없는 사람은 성공할 수 없습니다. 분명한 자기 정체성은 자신감과 진취성의 밑거름이 됩니다. 미국에서 자녀들을 코리안 아메리칸으로 기르는 우리들은 더욱 민족 교육에 힘써야 합니다.

세상에서 가장 위대한 일은 어머니의 일입니다. 자녀의 인생이 성공이냐 실패냐의 갈림길이 어머니에 달려 있다고 해도 과언이 아닙니다. 그러나 어머니의 사명은 힘이 들고 어려운 일입니다. 끝이 보이지 않는 것 같은 헌신이 요구되는 일입니다. 여자들도 풀타임으로 밖에 나가 일해야 하는 이민생활에서 하루 종일 직장에서 일하고 들어와 그 때부터 밤늦게까지 어머니 일을 하는 일은 너무 힘들고 괴로운 일입니다. 그러나 여러분이 포기하면 다른 대안이 없습니다. 불가능한 상황에서 포기하지 않고 하나님을 의지하며 최선을 다했던 요게벳은 결국 모세를 위대한 민족지도자로 키울 수 있었습니다.

위대한 인물의 뒤에는 언제나 위대한 어머니가 있습니다. 누구나 훌륭한 어머니가 될 수 있습니다. 자식의 보호자, 자식의 양육자, 자식의 교육자의 사명을 잘 감당하시기 바랍니다. 하나님께서 여러분과 여러분의 자녀들에게 복 주실 것입니다. 기도의 어머니가 되시기 바랍니다. 사랑의 어머니가 되시기 바랍니다. 희생의 어머니가 되시기 바랍니다. 할머니들은 손자들을 위해 계속 기도하시고 헌신하시기 바랍니다. 하나님께서 여러분에게 새 힘을 주시고, 자녀교육에 성공하는 훌륭한 어머니가 되게 하실 것을 믿습니다.

4

이혼과 독신

본문 : 마태복음 19:1-12

아버지의 선물

예수께서 이 말씀을 마치시고 갈릴리에서 떠나 요단 강 건너 유대 지경에 이르시니 큰 무리가 좇거늘 예수께서 거기서 저희 병을 고치시더라 바리새인들이 예수께 나아와 그를 시험하여 가로되 사람이 아무 연고를 물론하고 그 아내를 내어버리는 것이 옳으니이까 예수께서 대답하여 가라사대 사람을 지으신 이가 본래 저희를 남자와 여자로 만드시고 말씀하시기를 이러므로 사람이 그 부모를 떠나서 아내에게 합하여 그 둘이 한 몸이 될지니라 하신 것을 읽지 못하였느냐 이러한즉 이제 둘이 아니요 한 몸이니 그러므로 하나님이 짝지어 주신 것을 사람이 나누지 못할지니라 하시니 여자오되 그러하면 어찌하여 모세는 이혼 증서를 주어서 내어버리라 명하였나이까 예수께서 가라사대 모세가 너희 마음의 완악함을 인하여 아내 내어버림을 허락하였거니와 본래는 그렇지 아니하니라 내가 너희에게 말하노니 누구든지 음행한 연고 외에 아내를 내어버리고 다른 데 장가드는 자는 간음함이니라 제자들이 가로되 만일 사람이 아내에게 이같이 할진대 장가 들지 않는 것이 좋삽나이다 예수께서 가라사대 사람마다 이 말을 받지 못하고 오직 타고난 자라야 할지니라 어미의 태로부터 된 고자도 있고 사람이 만든 고자도 있고 천국을 위하여 스스로 된 고자도 있도다 이 말을 받을 만한 자는 받을지어다

본문 : 마태복음 19:1-12

04.
이혼과 독신

본문 : 마태복음 19:1-12

세상에서 가장 신비스러운 일은 한 남자가 한 여자를 만나 서로 사랑하고 결혼하여 가정을 이루는 일입니다. 선남선녀가 만나서 서로 사랑하고 한 몸을 이루는 것은 가장 큰 하나님의 복이기도 합니다. 부부는 서로의 부족함을 채워주고 서로의 연약함을 돌보아 주며, 서로의 상처를 싸매어 주면서 이 세상을 행복하게 살아가게 됩니다.

그러나 모든 부부가 다 행복하게 사는 것은 아닙니다. 많은 부부들이 갈등하며 살아갑니다. 상당히 많은 부부들이 갈등 끝에 이혼하고 있습니다. 저는 최근 한 통계를 보고 깜짝 놀란 적이 있습니다. 현재 우리나라는 인구 1,000명당 2.5쌍이 이혼하고 있다고 합니다. 이 수치는 유럽의 독일, 프랑스, 스페인보다도 높다고 합니다. 불과 20년 전만 해도 주위에 이혼한 사람을 찾아보기가 어려웠습니다. 그러나 요즘은 이혼한 사람들을 주위에서 쉽게 찾아볼 수 있습니다. 그만큼 이혼이 많아졌다는 뜻입니다.

결혼생활 하면서 '결혼 잘못했다. 이혼할까?' 라고 한 번 이상 생각 해 본 분들은 아마 거의 없을 것입니다.

과연 그렇다면 성경적으로 '이혼은 절대로 안 되는 것인가?' 아니면 '이혼해도 되는가?' 된다면 '어떤 경우에 되는가?' 등등 여러 질문을 하게 됩니다.

예수님께서 이에 대한 답을 주셨습니다. 본문을 중심으로 결혼과 이혼, 독신생활에 대한 예수님의 가르침을 배우며 함께 은혜를 받기 원합니다.

첫째 질문: 어떤 이유가 있으면 그 아내를 버리는 것이 옳습니까?

오늘 본문에는 세 가지의 질문이 나오고 있습니다. 처음 두 가지는 바리새인들이 한 것이고, 마지막 한 가지는 제자들이 한 것입니다. 하루는 바리새인들이 예수님께 나아와 질문을 합니다: "사람이 어떤 이유가 있으면 그 아내를 버리는 것이 옳으니이까?" 그런데 3절을 보면 이 질문은 모르는 것을 알기 위해 물어보는 질문이 아니라, 예수님을 시험하기 위한 질문이라고 했습니다.

왜 이 질문이 예수님을 시험하는 질문인지에 대한 배경 설명이 필요합니다. 이 당시 바리새인들 가운데는 보수파인 '샴마이' 파와 진보파인 '힐렐' 파가 있었습니다. 샴마이파는 간음죄 외에는 절대로 이혼이 안 된다고 주장했고, 힐렐파는 어느 경우에도 이혼이 가능하다고 주장했습니다. 남편이 아내를 좋아하지 않고 다른 여자를 좋아하게 되어도 이혼사유가 된다고 주장하였습니다.

두 파의 서로 다른 입장은 신명기 24장 1-2절의 말씀에 대한 해석 차이에서 비롯된 것입니다. "사람이 아내를 맞이하여 데려온 후에 그에게 수치되는 일이 있음을 발견하고 그를 기뻐하지 아니하면 이혼 증서를 써서 그 손에 주고 그를 자기 집에서 내보낼 것이요" 하는 구절에서 '수치되는 일'과 '그를 기뻐하지 아니하면'에 대한 해석이 쟁점이 되고 있습니다.

이 때는 헤롯 왕이 자기 아내를 버리고 자기 동생의 아내 헤로디아를 빼앗아 부인으로 삼은 사건으로 온 나라가 시끄러울 때였습니다. 이 일로 세례 요한이 옥에 갇혔다가 죽임을 당한 사실이 성경에 기록되어 있습니다. 왜 이 질문이 시험이 됩니까? 만일 예수님께서 샴마이파와 같은 결론을 내리면 힐렐파에서 있는 사람들이 반발할 것이고, 만일 힐렐파와 같은 결론을 내리면 샴마이파 사람들이 비판할 것이기 때문입니다.

예수님의 대답을 주목해야

예수님의 대답이 4-6절에 기록되어 있습니다: "예수께서 대답하여 이르시되 사람을 지으신 이가 본래 그들을 남자와 여자를 지으시고 말씀하시기를 그러므로 사람이 그 부모를 떠나서 아내에게 합하여 그 둘이 한 몸이 될지니라 하신 것을 읽지 못하였느냐 그런즉 이제 둘이 아니요 한 몸이니 그러므로 하나님이 짝지어 주신 것을 사람이 나누지 못할지니라."

예수님은 신명기 24장에 대한 해석을 시도하지 않았습니다. 오히려 창세기로 거슬러 올라갑니다. 창조원리와 하나님이 친히 제정하신 결혼제도에 관한 말씀으로 문제를 해결해 주십니다. 부부는 하나님이 짝지어 주신 것이기에 사람이 나눌 수 없고, 또 남편과 아내가 이미 한 몸이 되었기 때문에 이혼이 불가능하다고 말씀하셨습니다.

하나님은 이혼을 전제로 결혼제도를 만들지 않으셨습니다. 아담과 하와를 만들어 부부로 만들어 주실 때, 이혼은 전혀 염두에 두지 않으셨습니다. 우리 부부들은 하나님이 짝지어 주신 것이기 때문에 내 마음대로 헤어질 수 없다는 사실을 명심해야 할 것입니다.

제가 한국에서 같은 교회를 다녔던 집사 부부가 있습니다. 저보다 10살 정도 연세가 많은 분들입니다. 열심히 신앙생활 하던 남자 집사가 그만 자기 비서와 눈이 맞아 버렸습니다. 저도 그 비서를 본 적이 있는데 상당히 미인이었습니다. 이 집사는 거의 집에 들어오지 않고, 가정을 돌보지 않았습니다. 부인에게 이혼을 요구하기 시작했습니다. 아들 둘과 함께 행복한 결혼생활을 하던 그 가정이 파탄지경에 이르게 되었습니다. 여자 집사의 고통은 이루 말할 수 없었습니다. 여 집사는 기도하면서 하나님의 뜻을 계속 찾았습니다. 한 5년쯤 지났을 때, 제가 한국 방문 중에 여자 집사를 만난 적이 있습니다. 그 때 이혼을 심각하게 고려중이었는데, 저에게 이혼하는 게 좋지 않겠냐고 물었습니다. 이 때 저는 지금까지 참아왔는데 조금 더 참으라고 말씀드렸습니다. 여자 집사는 믿음으로 잘 참았습니다. 10년 이상의 세월이 흘렀는데, 결국 남자 집사가 정신을 차리고 회개하고 가정으로 돌아왔습니다. 2년 전에 한국 나갔을 때, 그 여자 집사는 5년 전에 저의 말이 큰 힘이 되었다고 간증하는 말을 들었습니다. 저는 두 분이 하나님께서 짝지어 주신 부부라고 확신했고, 두 분의 이혼을 하나님께서 기뻐하지 않는다는 확신이 있었기 때문에 자신 있게 권면할 수 있었던 것입니다.

여러분 가운데 요즘 심각하게 이혼을 고려하는 분이 계십니까? 창세기의 말씀으로 돌아가시기 바랍니다. 지금의 아내, 지금의 남편은 하나님께서 짝지어 주신 배필이기에 여러분 마음대로 버릴 수 없다는 사실을 기억하시기 바랍니다.

둘째 질문: 왜 모세는 이혼 증서를 주어서 버리라 명하였습니까?

예수님의 대답에 바리새인들이 당황하고 있습니다. 전혀 예상 밖의 말씀을 들었기 때문입니다. 이에 두 번째 질문을 합니다. 7절입니다: "여짜오되 그러면 어찌하여 모세는 이혼 증서를 주어서 버리라 명하였나이까?"

앞에서 언급한 신명기 24장 1, 2절을 인용하며 질문하는 것입니다. 구약성경에서 모세는 분명히 이혼 증서를 써주라고 말했는데, 예수님은 왜 안 된다고 하느냐는 항변입니다. 모세는 분명히 이혼할 때 남편은 아내에게 이혼 증서를 써주라고 하였습니다.

절대적인 예수님의 기준을 받아들여야

이 질문에 예수님께서 대답하십니다. 8절입니다: "예수께서 이르시되 모세가 너희 마음의 완악함 때문에 아내 버림을 허락하였거니와 본래는 그렇지 아니하니라."

원래는 안 되는데 인간의 완악함, 즉 타락함과 죄악됨을 인하여 모세가 이혼을 허락하였다는 설명입니다. 구약시대에 이스라엘은 남성위주의 사회였습니다. 여자는 사람다운 취급을 받지 못했습니다. 재산의 일부로 여길 정도였습니다. 세상이 타락해서 그렇게 된 것입니다. 남자들은 자기 마음대로 여자를 바꾸었습니다. 못된 남자들이 자기 아내를 버렸으면서도 이혼 증서를 써주지 않았습니다. 자기는 다른 여자와 결혼해 살면서도 아내는 다른 남자와 결혼하는 길을 막았던 것입니다. 부당하게 버림을 받고 학대를 당하는 여인들을 보호하기 위해 모세가 남자들에게 이혼 증서를 써 주라는 율법을 제정한 것입니다. 이혼을 조장하고 합법화시키기 위한 것이 아니라, 인간의 죄악 때문에 불가피하게 발생하는 이혼과정에 고통당하는 여인들을 보호하기 위한 것이었습니다.

이혼이 예외적으로 가능한 경우에 대한 성경적 기준을 주목해야

8절과 9절을 통해 이혼이 성경적으로 가능한 경우가 있다는 사실을 알게 됩니다.

여기에는 두 가지 경우가 가능하다고 말하고 있습니다.

첫째, 남편이 악의적으로 아내를 버릴 경우에 가능합니다.

아내가 아무 잘못이 없는데, 남편이 다른 여자와 바람을 피우면서 아내를 버리는 경우가 있습니다. 고린도전서 7장에서 사도 바울도 이런 경우에 이혼이 가능하다고 말하고 있습니다. "믿지 아니하는 남편이나 아내가 갈리기 원할 경우 갈라서라"(15절)고 권면하고 있습니다. 물론 상황이 도저히 함께 살 수 없는 경우에만 해당되는 말씀임을 기억할 필요가 있습니다.

둘째, 배우자가 간음죄를 범했을 경우에 가능합니다.

9절을 보시기 바랍니다: "내가 너희에게 말하노니 음행한 이유 외에 아내를 버리고 다른 데 장가드는 자는 간음함이니라."

여기서 주님은 음행, 즉 간음이 이혼 사유가 됨을 밝히고 있습니다. 부부가 결혼을 약속한다는 것은 상대방만을 사랑하겠다는 서약입니다. 다른 여자나 남자와 바람을 피우는 것은 계약을 파기하는 행위입니다. 남편의 몸은 배타적으로 아내가 주권을 가지고 있으며, 아내의 몸은 남편이 배타적으로 주권을 가지고 있습니다. 바람피우는 것은 배우자에 대한 가장 큰 모독행위입니다. 자존심과 인격에 큰 상처를 주는 행위입니다.

우리가 잘 알다시피 대부분의 이혼가정이 '배우자 부정' 때문에 이혼하고 있습니다.

이혼사유가 안 되는 경우들로 인한 이혼의 문제

그러나 다른 이유 때문에 이혼하는 부부들이 많이 있습니다.

대표적인 경우가 성격 차이 때문입니다. 성격이 맞지 않고 마음이 맞지 않아서 이혼하는 분들이 꽤 있습니다. 이것은 이혼사유가 되지 않습니다. 부부가 성격이 차이나는 것은 당연합니다. 성격이 같은 사람은 한 사람도 없습니다. 형제간에도 성격이 다 다릅니다. 만일 성격이 비슷해도 문제입니다. 둘 다 꼼꼼하면 숨 막혀 죽습니다. 둘 다 느리면 집안 꼴이 말이 아닙니다. 한 사람은 꼼꼼하고 한 사람은 느긋해야 가정이 원만합니다. 둘 다 성격이 급하고 불같으면 매일 집에 불이 납니다. 심리학자들의 연구 결과, 성격이 비슷한 부부들보다 성격이 다른 부부가 더 잘 산다고 합니다. 상호보완이 되기 때문입니다. 성격 차이는 서로 이해하고 서로 용납하면 좋은 재산이 됩니다. 결코 이혼 사유가 되지 않습니다.

요즘 돈 문제로 이혼하는 부부가 부쩍 늘었다는 통계가 발표되었습니다. 지난 2001년 한국에서 이혼한 부부들 가운데 11.6%가 금전문제 때문에 이혼했다고 합니다. 10년 전보다 6배가 증가한 비율입니다. 혼수문제로 이혼하는 경우가 종종 있습니다. 남편이 직장을 잃고 경제적 능력이 없다고 이혼하는 경우 또한 계속 증가하고 있다고 합니다.

행복한 결혼생활을 유지하는 길

간음 죄 때문이든, 성격 차이 때문이든, 경제적 이유 때문이든, 가장 근본적인 문제는 부부간의 사랑이 식었기 때문입니다. 아내보다 다른 여자가 더 아름답게 보이거나, 남편보다 다른 남자가 더 멋있게 보이는 것은 사랑이 식었다는 증거입니다.

가정전문가 노먼 라이트 박사는 그의 책 『흔들리는 당신에게』(The secrets of a lasting marriage)에서 사랑이 식는 이유를 몇 가지로 설명하고 있습니다.

첫째, 배우자에 대한 환상이 깨질 때 사랑이 식기 시작합니다. 결혼하여 날마다 함께 지내면서 단점들이 보이기 시작합니다.

둘째, 상처를 받을 때 사랑이 식기 시작합니다. 말에 상처를 받고 부주의한 행동에 상처를 받습니다. 나를 이해해 주지 않을 때 상처받게 됩니다.

셋째, 분노가 쌓일 때 사랑이 식기 시작합니다. 상처를 받으면 분노가 마음에 쌓이기 시작합니다. 자존심 상하는 말을 들었을 때도 분노가 쌓이게 됩니다. 분노는 상대방에 대한 원망, 분개, 배신감을 갖게 만듭니다.

어느 부부나 이런 과정을 겪습니다. 이런 순간이 닥쳤을 때, 우리는 정신을 바짝 차려야 합니다. 서로 솔직하게 이런 감정을 이야기하면서 함께 문제를 풀어나가야 합니다. 대화를 많이 나누고 함께 있는 시간을 늘려야 합니다. 첫사랑을 회복시키기 위해 함께 노력해야 합니다.

셋째 질문: 독신으로 사는 것이 좋지 않습니까?

마지막 세 번째 질문을 살펴보겠습니다. 예수님의 두 번째 대답에 제자들이 놀랐습니다. 그들이 질문합니다. "선생님, 그렇다면 장가 들지 않는 것이 좋겠습니까?"

당시에 남자가 일방적으로 아내를 버리는 이혼은 보편적인 현상이었습니다. 그런데 예수님께서 허락하신 경우 외에 다른 이유로 이혼하게 되면 간음한 것이라고 한다면 거의 모든 이혼자들이 여기에 해당하게 됩니다. 간음죄는 십계명 중 7계명을 어긴 큰 죄입니다. 간음죄는 율법에서 사형에 해당합니다. 그래서 질분하는 것입니다.

11절과 12절에서 예수님이 대답하십니다: "사람마다 이 말을 받지 못하고 오직 타고난 자라야 할지니라 어머니의 태로부터 된 고자도 있고 사람이 만든 고자도 있고 천국을 위하여 스스로 된 고자도 있도다 이 말을 받을 만한 자는 받을지어다"

고자란 성적으로 정상이 아닌 사람들을 말합니다. 태어나면서 고자된 불쌍한 사람들이 있습니다. 옛날 내시같이 궁중의 왕후들을 위해 일하기 위하여 사람들이 만든 고자들도 있습니다. 그리고 천국을 위하여 스스로 독신으로 지내는 고자들이 있습니다. 예수님 자신이 그랬고, 세례 요한이 그랬습니다. 사도 바울도 하나님의 일을 위하여 독신으로 지냈습니다. 독신으로 지내면 많은 시간을 주님을 위해 낼 수 있습니다. 삶이 단순하기 때문에 주의 일에 전념하기가 쉽습니다. 그러나 아무나 할 수 없습니다. 은사를 받은 분만 가능합니다. 그래서 이를 '독신의 은사'라고 합니다.

결혼하신 분들도 이런 자세로 사는 것이 중요합니다. 성도들에게 가장 중요한 덕목 가운데 하나는 절제입니다. 우리는 모든 면에서 절제가 필요합니다. 특히 성적으로 절제가 필요합니다.

하나님은 이혼한 사람을 미워하지 않습니다

이혼은 하나님께서 원하시는 것이 아닙니다. 하나님은 이혼을 미워하십니다. 그러나 이혼한 사람을 미워하시지는 않습니다. 여전히 사랑하시고 긍휼히 여기십니다.

우리는 우리 안에 내재된 죄성 때문에, 또한 타락한 세상에 살고 있기 때문에 때때로 이혼이 불가피한 경우를 만나게 됩니다. 그래도 최선을 다해 할 수 있는 대로 이혼을 피하시기 바랍니다. 믿음으로 또 기도로 이혼의 위기를 극복하시기 바랍니다. 행복한 가정을 만들어 나가시기 바랍니다. 이미 이혼하신 분들은 하나님의 뜻에 따라 독신의 삶을 살든지 재혼의 길을 선택할 수 있습니다. 이혼의 아픔을 딛고 재혼하신 분들은 현재의 결혼을 행복하게 만드시기 바랍니다. 하나님은 우리에게 두 번째 기회(second chance)를 주시는 분입니다. 하나님이 주신 두 번째 기회를 잘 살리시기 바랍니다. 행복한 부부생활, 행복한 가정이 펼쳐질 날을 다시 꿈꾸십시오.

1
내 교회를 세우리라
본문 : 마태복음 16:13-20

아버지의 모성

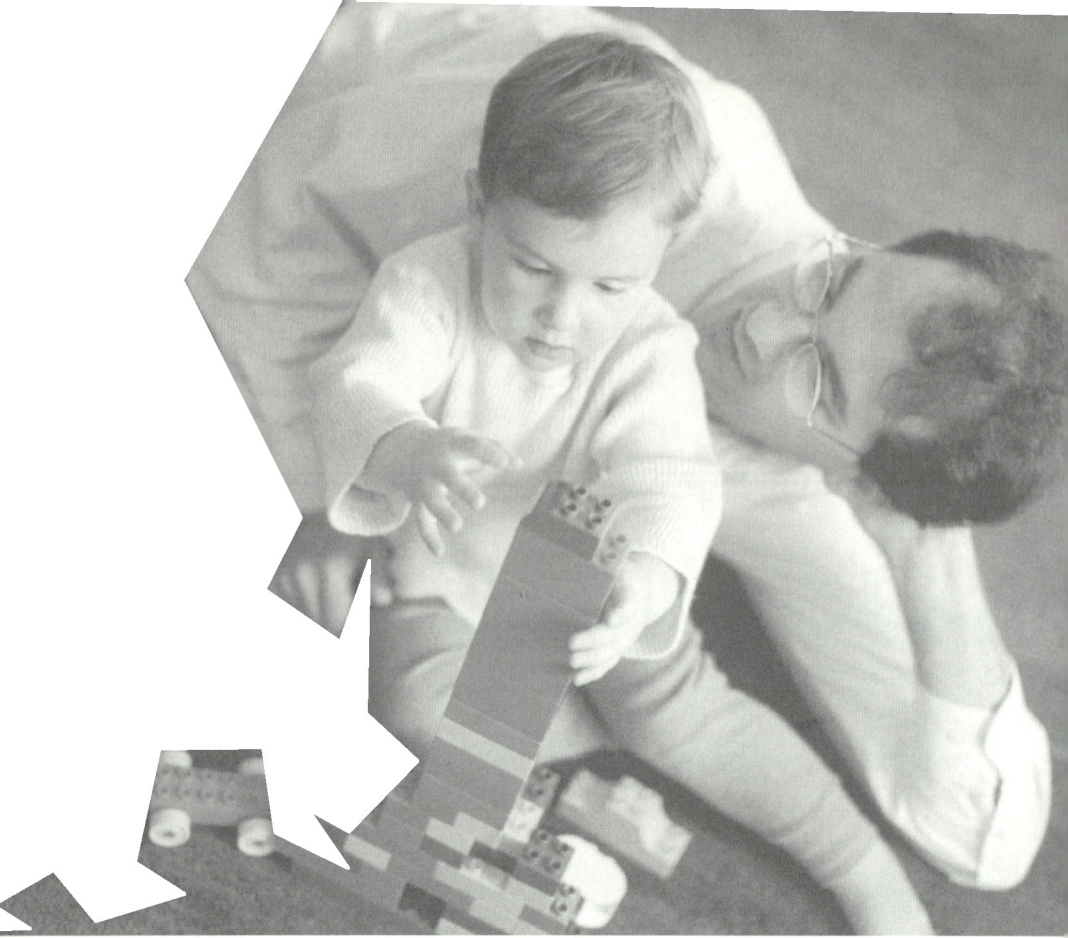

예수께서 빌립보 가이사랴 지방에 이르러 제자들에게 물어 이르시되 사람들이 인자를 누구라 하느냐 이르되 더러는 세례 요한, 더러는 엘리야, 어떤 이는 예레미야나 선지자 중의 하나라 하나이다 이르시되 너희는 나를 누구라 하느냐 시몬 베드로가 대답하여 이르되 주는 그리스도시요 살아 계신 하나님의 아들이시니이다 예수께서 대답하여 이르시되 바요나 시몬아 네가 복이 있도다 이를 네게 알게 한 이는 혈육이 아니요 하늘에 계신 내 아버지시니라 또 내가 네게 이르노니 너는 베드로라 내가 이 반석 위에 내 교회를 세우리니 음부의 권세가 이기지 못하리라 내가 천국 열쇠를 네게 주리니 네가 땅에서 무엇이든지 매면 하늘에서도 매일 것이요 네가 땅에서 무엇이든지 풀면 하늘에서도 풀리리라 하시고 이에 제자들에게 경고하사 자기가 그리스도인 것을 아무에게도 이르지 말라 하시니라

본문 : 마태복음 16:13-20

01.
내 교회를 세우리라

본문 : 마태복음 16:13-20

현실에 대한 정확한 인식, 사람에 대한 올바른 인식

약 일 년 전에 있었던 일입니다. 주일 오후에 예배와 모든 행사를 마치고 아이들과 함께 차를 타고 집으로 가고 있었습니다. 아이들이 배가 고프니 가는 길에 맥도날드에서 먹을 것을 사달라고 졸랐습니다. 저는 이 핑계 저 핑계 대면서 사주지 않으려고 애를 썼습니다. 가능하면 주일에는 사먹지 않아야 한다는 훈련을 시키기 위해서였습니다. 저희는 마운트 프로스펙트에 살고 있는데 교회로부터 약 1/3정도 지났을 때였습니다. 맥도날드는 이미 지나간 뒤였습니다. 교회와 집 사이에 맥도날드가 하나 밖에 없는 것으로 알고 있었기 때문에, 자신 있게 이미 지나가서 다시 돌아갈 수도 없고 곤란하지 않느냐며 핑계를 대었습니다. 그랬더니 제 아들이 하는 말이 무슨 소리 하냐고 앞으로도 몇 개는 더 있다는 것입니다. 분명히 제 기억에는 교회와 집 사이에 맥도날드가 하나밖에 없는데, 아들은 네 개나 된다는 것입니다. 그래서 제가 맞다는 확신을 가지고 내기를 걸었습니다: "만약 앞으로 맥도날드가 있으면 내가 사주지만, 없으면 네가 10불을 내게 주어야 한다." 그랬더니 아들도 자신 있게 내기를 하자고 말하는 것입니다. 그런데 조금 지나가는데, 아들이 'you see' 하면서 오른편에 있는 노란색 'M' 자를 가리키는 게 아닙니까? 그리고는 한 3분 정도 더 가니까 또 맥도날드가 나타납니다. 그날 저는 제 아들에게 완패를 당하고 말았습니다. 아들 말대로 맥도날드는 모두 네 개나 있었습니다. 세상에 그 짧은 길이에 맥도날드가 네 개 씩이나 있다니 말입니다.

저는 날마다 그 길을 지나다닙니다. 어떤 날은 세 번 이상 왕래할 때도 있습니다. 최소한 아들보다 열 배는 많이 다닌 길입니다. 그런데 왜 저는 맥도날드가 한 개 밖에 없다고 알고 있었고, 아들은 네 개가 있다고 정확히 알고 있었을까요? 그것은 관심의 차이입니다. 아이들은 맥도날드를 좋아하고 늘 가고 싶어 합니다.

심리학자들은 이런 현상을 다음과 같이 설명합니다. 사람들은 사람이나 사물을 볼 때, '선택적 주의'를 한다는 것입니다.

즉 자기가 관심 있고 흥미 있는 것들을 선택적으로 골라서 보고 듣는 경향이 있다는 것입니다. 예를 들어 사람이 많이 모여 있는 곳에서 부모는 자기 자녀를 잘 찾아냅니다. 소음이 많은 곳에서 자기 아이의 소리를 쉽게 들을 수 있습니다. 이런 것들이 다 '선택적 주의'를 하는 데서 나타나는 결과입니다. 그런데 사람들이 '선택적 주의'를 하게 되면, 선택적 지각을 하게 됩니다. 이것 때문에 어떤 동일한 사건이나 인물에 대한 평가에 있어서 사람들은 각기 다른 견해를 가지는 것입니다. 이런 것을 지각 차이, 인식 차이라고 합니다. 우리는 현실과 인식, 실제와 지각의 차이가 적어야 성공적인 삶을 살 수 있습니다. 현실에 대한 정확한 인식, 사람에 대한 올바른 인식은 세상을 살아가는 데 가장 중요한 요소 중 하나입니다.

    본문은 우리에게 이 인식의 중요성을 가르쳐 주고 있습니다. 같은 시대에 살면서 예수님을 직접 만나고, 그의 가르침을 듣고, 그가 행하는 이적을 친히 목격한 사람들 중에서 예수님이 누구인지 정확히 인식한 사람이 있는 반면에, 완전히 잘못 인식한 사람들도 있었습니다. 먼저 잘못 인식한 사람들이 등장합니다.

유대인들은 예수님을 잘못 인식하였습니다

본문의 배경을 간단히 설명 드리겠습니다. 예수님이 바리새인과 사두개인들을 피하여 갈릴리지방 북쪽 헐몬산 근방에 위치한 빌립보 가이사랴라는 농네로 가셨습니다. 여기서 예수님이 제자들에게 한 가지 질문을 던졌습니다: "사람들이 인자를 누구라 하느냐?" 이때는 예수님의 공생애가 거의 끝나갈 무렵입니다. 어느 학자는 약 두 달 정도 남았을 때였다고 설명합니다. 그렇다면 지난 3년 동안 이스라엘 백성들이 예수님에 대해 상당히 많은 것을 보았고 많은 정보를 들어 알고 있을 때였습니다.

제자들이 이렇게 대답합니다: "더러는 세례 요한, 더러는 엘리야, 어떤 이는 예레미야나 선지자 중의 하나라 하나이다." 사람은 예수님을 세례 요한이라고 생각하였습니다. 이들은 죽은 세례 요한이 다시 살아난 것으로 믿었습니다. 세례 요한을 죽인 헤롯 왕도 이렇게 믿은 사람 가운데 하나입니다. 어떤 사람은 예수님을 구약에 오시리라고 예언된 엘리야 선지자라고 생각하였습니다. 세상의 구원자 메시야가 오시기에 앞서 엘리야같이 위대한 하나님의 종이 길을 예비하기 위해 오리라는 예언이 있었습니다. 그 엘리야가 바로 예수님이라고 믿은 사람들입니다. 또 어떤 사람들은 예수님을 예레미야 선지자라고 생각하였습니다. 유대인들의 전통에 의하면 구약 후기 선지자들 가운데 예레미야를 최고의 선지자로 간주하였습니다. 즉 예레미야는 선지자 중의 선지자였습니다. 이들은 예수님을 예레미야처럼 위대한 선지자라고 생각한 것입니다.

예수님을 세례 요한이나 엘리야나 예레미야 선지자같은 사람으로 생각한 사람들의 공통점이 하나 있습니다. 그것은 예수님에게 무엇인가 특별한 것이 있다는 인식입니다. 그들은 예수님이 보통 사람들과 다른 특별한 사람이라고 생각했습니다. 그러나 그들은 예수님이 어떤 분인지에 관해서는 완전하게 파악하지 못했습니다. 다만 선지자들, 즉 선견의 눈을 가지고 그 시대 사람들에게 하나님의 말씀을 선포했던 사람들 중 한 사람 정도로 생각하였습니다. 현대인들이 예수님을 4대 성인 중의 하나라고 생각하듯이, 이들도 예수님을 그저 위대한 선지자 정도로 생각한 것입니다.

베드로는 예수님을 정확히 인식하였습니다

곧 이어 예수님은 두 번째 질문을 제자들에게 던집니다: "너희는 나를 누구라 하느냐?" 이 질문은 이렇게 바꾸어 표현할 수 있겠습니다; "백성들이 나를 세례 요한이나 엘리야같은 선지자

로 알고 있는데, 그렇다면 너희들은 나를 누구라고 알고 있느냐?'

자타가 인정하는 수제자답게 베드로가 즉시 대답합니다: "주는 그리스도시요 살아 계신 하나님의 아들이시니이다." 베드로의 대답에 대한 예수님의 반응이 놀랍습니다.

"바요나 시몬아 네가 복이 있도다 이를 네게 알게 한 이는 혈육이 아니요 하늘에 계신 내 아버지시니라"(17절). 이는 베드로의 대답이 정답이라는 칭찬입니다. 이 대답을 일명 '베드로의 신앙고백'이라고 합니다. 이 고백은 참으로 위대한 고백이요, 기독교 신앙의 진수를 담고 있는 고백입니다. 이 고백에서 베드로는 예수님에 대한 인식을 세 가지로 요약하고 있습니다.

첫째, 예수님은 주시라고 고백합니다. '주'는 헬라말로 〈퀴리오스〉라고 합니다. 유대인들은 전통적으로 하나님을 주님이라고 불렀습니다. 베드로는 예수님을 〈퀴리오스〉라고 부름으로써 그 분이 하나님이시며 동시에 자신의 주님으로 믿고 있음을 밝힌 것입니다.

둘째, 예수님은 그리스도라고 고백합니다. 〈그리스도〉는 헬라말로서, 〈메시야〉라는 히브리말과 같은 뜻을 가지고 있습니다. 단어의 뜻은 '기름부음을 받은 자'인데, '구원자'라는 의미로 사용되는 말입니다. 구약성경에서 온 인류를 구원하기 위해 하나님께서 보내 주시겠다고 약속한 구원자가 바로 예수님이시라고 고백하고 있는 것입니다.

셋째, 예수님은 하나님의 아들이라고 고백합니다. '하나님의 아들'이란 하나님과 동일한 신성과 능력을 가지신 분이란 말로서, 다시 말해 '예수님이 하나님이십니다'라는 뜻입니다. 인간으로 자기 앞에 서 계신 예수님 안에 내재되어 있는 신성을 보고 고백하는 말입니다. 참으로 위대한 고백이 아닐 수 없습니다. 베드로는 이처럼 예수님에 대해 100% 정확한 인식을 하였습니다.

우리가 주일예배 드릴 때마다 사도신경으로 신앙고백을 합니다. 올바른 신앙고백이 있어야 그 신앙이 구원으로 인도하는 능력을 소유하게 됩니다. 우리는 "마음으로 믿어 의에 이르고 입으로 시인하여 구원에 이르게" 됩니다(롬 10:10). 마음에 올바로 믿는 바를 입으로 정확히 시인하는 행위가 바로 신앙고백입니다.

유대인들은 예수님을 만났고 가르침을 들었고 기적을 보았습니다. 그들이 예수님을 세례 요한이라 하고, 엘리야라 하고, 예레미야라고 한 것은 훌륭한 고백이었습니다. 그러나 그것만 가지고는 부족한 고백입니다. 구원에 이르는 신앙고백이 되지 못합니다. 지금도 예수님을 훌륭한 도덕선생이나 사상가로 인정하며 존경하는 분들이 있습니다. 그러나 그들의 인식은 예수님이 구원자요 하나님의 아들이라는 완전한 인식에는 이르지 못합니다. 그러기에 그들의 고백으로는 구원에 이를 수가 없습니다.

반면에 베드로는 정확한 인식에 기초한 올바른 고백을 하였습니다. 그런데 주님이 설명하시길, 베드로가 그 위대한 진리를 알게 된 것은 육신에 의한 것이 아니라 하늘의 하나님에 의한 것이라고 말씀하셨습니다. 즉 누구든지 "주는 그리스도시요 살아계신 하나님의 아들이시다"는 고백은 하나님께서 깨우쳐 주셔야만 할 수 있는 것이므로, 구원이란 결국 하나님의 은혜에 의해 선물로 주어지는 것임을 분명히 가르쳐 주고 계십니다.

교회는 베드로의 신앙고백 위에 세워졌습니다

"또 내가 네게 이르노니 너는 베드로라 내가 이 반석 위에 내 교회를 세우리니 음부의 권세가 이기지 못하리라. 내가 천국 열쇠를 네게 주리니 네가 땅에서 무엇이든지 매면 하늘에서도 매일 것이요 네가 땅에서 무엇이든지 풀면 하늘에서도 풀리리라 하시고"(18, 19절).

베드로에 대한 예수님의 칭찬과 축복이 계속 이어집니다.

"너는 베드로라 내가 이 반석 위에 내 교회를 세우겠다." 베드로라는 말은 헬라말로서 원래 〈페트라〉라는 단어인데 '반석'이란 뜻입니다. 베드로의 굳센 믿음이 마치 반석과 같다고 칭찬하시는 것입니다. "내가 이 반석 위에 내 교회를 세우리라"는 말씀에서 '이 반석'은 베드로 자신을 지칭하는 것이 아니라, '베드로의 신앙고백'을 지칭하는 말입니다. 예수님께서 친히 자신의 교회를 세우시는데 그 교회를 "주는 그리스도시요 살아 계신 하나님의 아들이시니이다"라는 신앙고백 위에 세우시겠다는 약속입니다.

이 말씀에서 우리는 교회의 중요한 기초가 무엇이 되어야 하는가를 분명히 배우게 됩니다. 올바른 신앙고백, 예수님이 구세주가 되시고 주님이 되신다는 믿음이 교회의 기초로 든든히 서 있어야 함을 우리는 기억해야 합니다. 아울러 지상의 모든 교회는 사람들이 주인이 되는 교회가 아니라, 예수님이 주인이 되는 교회가 되어야 합니다. 여기서 예수님은 '나의 교회'를 세우겠다고 분명히 말씀하십니다.

다들 자기 교회가 '예수님의 교회'라고 말들은 하지만 실제는 사람들이 주인이 된 '자기들의 교회'가 많이 있습니다. 한국 교회의 약점 중의 하나가 지방색과 지역감정을 극복하지 못하고 있다는 것입니다. 저는 1990년도에 미국에 오자마자 '전라도 교회', '경상도 교회'라는 말을 듣고 깜짝 놀란 적이 있습니다. 가만 설명을 들어보니 '전라도 교회'라는 것은 목사부터 장로, 대부분의 성도들이 전라도 사람들로 구성되어 있는 교회를 말하는 것이었습니다. 그 교회에서는 다른 지방 사람들 특히 경상도 사람들은 아예 발을 못 붙입니다. 장로가 될 생각은 꿈도 꾸지 못합니다. '경상도 교회'도 마찬가지입니다. 그 교회에 예수님이 어떻게 계실 수 있습니까? 예수님은 전라도 사람도 아니고 경상도 사람도 아닌, 갈릴리 사람이니 말입니다. 이런 점에서 우리 교회는 참 감사합니다. 골고루 섞여 있습니다. 그런데 교회 안에 지방색과 지역감정이 자리 잡고 있는 현상은 최근에 일어난 현상은 아닙니다. 오래전부터 있었던 현상입니다. 옛날엔 평안도 교회, 함경도 교회가 많이 있었습니다. 이런 현상은 주님의 교회 모습이 아닙니다.

　주님의 교회는 빈부귀천이나 남녀노소의 구분이 전혀 없는 교회입니다. 초창기 기독교가 로마제국 안에서 급속히 전파될 수 있었던 것은 당시 사람대접을 받지 못하던 여인들과 아이들, 노예들, 가난한 사람들을 조금도 차별하지 않고 동일하게 사랑하였기 때문입니다. 교회 안에서는 어떤 차별도 있어선 안 됩니다. 그때 이미 그 교회는 주님의 교회로서의 기능과 능력을 상실하게 됩니다.

저는 우리 교회가 지원하는 선교사를 선교위원회에 추천할 때도 이런 차별을 의도적으로 배제합니다. 가만히 보면 우리 교회가 지원하는 선교사들 가운데 우리 교단인 미국장로교(PCA) 소속인 분은 별로 없습니다. 다른 장로교 교단 목사들, 성결교 목사 등 아주 다양합니다. 우리 교단 소속 선교사만 지원하는 것은 일종의 차별을 두는 행위입니다. 우리는 철저히 이런 비진리적 요소들을 배격해야 교회를 예수님의 교회로서 유지할 수 있습니다. 우리 교회는 누구의 교회도 아닙니다. 목사의 교회도 아니고 장로의 교회도 아니고 권사나 집사의 교회도 아닙니다. 우리 교회는 오직 주님의 교회일 뿐입니다.

주님의 교회로 변화되어야

요즘 미국인들에게 사랑받는 최고의 기독교 작가 중 하나인 필립 얀시가 쓴 책 중에 『교회, 나의 고민 나의 사랑』(Church: Why bother?)이라는 책이 있습니다. 그 책에서 필립 얀시는 시카고 다운타운에 있는 한 교회를 소개하고 있습니다. 그 교회의 이름은 '라셀교회'입니다. 라셀교회는 백인, 흑인, 히스패닉 등 여러 인종이 함께 모여 예배드리고 친교를 나누는 교회입니다. 교인 중에는 큰 기업의 사장도 있고, 학교 선생도 있고, 극빈자도 있으며 심지어 알코올중독자와 마약중독

자도 있습니다. 어떤 때는 예배 중에 알코올중독자가 술주정을 하며 소란을 피워 어수선할 때도 있습니다. 그러나 그 교회에는 모든 허물과 약점을 포용해 주는 사랑과 은혜가 넘쳐흐르고 있습니다. 필립 얀시는 그 교회가 바로 '주님의 교회'라고 말합니다. 그렇습니다.

예수님이 친히 반석 위에 세운 교회는 아무 차별이 없는 교회입니다. 모든 사람이, 특히 가난하고 못 배우고 외로운 사람, 상처 입은 사람들이 사랑과 환영을 받는 교회입니다. 창립 36주년을 맞이한 우리 교회는 더욱 '주님의 교회'로 변화되어야 하겠습니다. 북미주에 세워진 4천여 한인교회들과 5만여 조국교회들, 그리고 지상에 있는 모든 세계교회들이 주님의 교회가 되도록 열심히 기도해야 하겠습니다. 섬기시는 교회가 주님이 기뻐하시는 참된 교회가 되시길 예수님의 이름으로 축복합니다.

2

서로 의견이 다를 때
본문: 사도행전 15:36-41

아버지의 모성

며칠 후에 바울이 바나바더러 말하되 우리가 주의 말씀을 전한 각 성으로 다시 가서 형제들이 어떠한가 방문하자 하고 바나바는 마가라 하는 요한도 데리고 가고자 하나 바울은 밤빌리아에서 자기들을 떠나 함께 일하러 가지 아니한 자를 데리고 가는 것이 옳지 않다 하여 서로 심히 다투어 피차 갈라서니 바나바는 마가를 데리고 배 타고 구브로로 가고 바울은 실라를 택한 후에 형제들에게 주의 은혜에 부탁함을 받고 떠나 수리아와 길리기아로 다니며 교회들을 견고하게 하니라

본문: 사도행전 15:36-41

02.
서로 의견이 다를 때

본문: 사도행전 15:36-41

초대교회의 원리를 따라

하나님께서 우리들의 기도를 응답해 주시고 복을 주셔서 좋은 성전을 구입하게 하셨습니다. 그러나 구입과정에 서로 의견을 달리해서 몇 가정이 교회를 떠난 일이 있어 제게는 너무나 마음이 아픕니다. 그 분들이 주일출석을 안한 지 오늘로 꼭 두 달이 됩니다. 지난 두 달 동안 이 일이 제 머리에서 떠난 적이 없습니다. 여러분도 물론 마찬가지인 줄 압니다. 이런 일이 생긴 것은 저의 기도와 덕이 부족한 결과입니다.

한 교회 안에서 가족처럼 지내던 성도들이 의견이 다르다고 서로 미워하고, 한 편이 교회를 떠나야만 하는가? 성경은 이런 경우에 어떻게 하라고 말씀하시는가? 성경에도 이런 경우가 있

는가? 이 일에 담겨있는 하나님의 뜻과 메시지는 무엇인가 하는 점을 계속 생각하였습니다. 그때 생각난 성경 말씀이 본문의 말씀입니다. 이 말씀은 초대교회의 위대한 두 지도자인 바울과 바나바가 서로 의견이 달라 심히 다투고 갈라섰던 사건을 기록하고 있습니다. 이 말씀을 중심으로 서로 의견이 다를 때 우리는 어떻게 해야 하는가에 대해 배우고자 합니다.

사건의 발단

이방인 전도의 동역자였던 바울과 바나바는 1차 전도여행을 통해 소아시아 지방에 여러 교회를 세우고 많은 사람들을 제자로 삼았습니다. 이런 두 사람이 왜 다투게 되었는지, 그 사건의 발단이 36절에 기록되어 있습니다: "며칠 후에 바울이 바나바더러 말하되 우리가 주의 말씀을 전한 각 성으로 다시 가서 형제들이 어떠한가 방문하자 하고"

1차 전도여행을 성공적으로 마치고 자신들을 파송한 안디옥 교회에 돌아와 교인들을 가르치고 있던 바울이 바나바에게 1차 전도 여행 때 복음을 전했던 도시와 성도들을 다시 방문하자고 제의를 하였습니다. 이 제의가 바로 2차 전도여행이 되었습니다. 이것은 참 좋은 제안이었습니다. 선한 계획이요 하나님의 뜻에 합당한 일이었습니다. 그런데 문제가 생긴 것입니다. 교회에서 문제는 대부분 좋은 일을 하다가 생기게 됩니다.

어느 미국교회에서 생긴 일입니다. 교회에 카펫을 까는데 빨간색으로 할 것인가 파란색으로 할 것인가 의논하다가 둘로 갈라졌다고 합니다. 또 다른 미국교회에서는 교회에 피아노와 전자올갠 두 개 중 어느 것을 오른쪽에 놓는 것이 좋은가를 가지고 의견이 대립되어 분열 직전까지 간 적이 있다고 합니다.

사건의 발전 (의견 대립)

바울의 전도여행 제안에 대해 바나바도 좋은 일이라고 동의를 하였습니다. 그러면서 마가라 하는 요한을 함께 데리고 가자고 제안합니다. 그러나 바울은 이것을 반대하였습니다. 반대한 이유가 38절에 나옵니다. 마가는 1차 전도여행 중 밤빌리아라는 곳에서 전도팀을 도중에 이탈한 사람이기에 전도대원으로서 자격이 부족하다 하여 반대한 것입니다. 즉 한 사람은 마가를 데리고 가자고 주장하였고, 다른 한 사람은 데리고 가서는 안 된다고 주장하였습니다. 서로 정반대의 주장을 한 것입니다.

*"서로 심히 다투어 피차 갈라서니"

두 사람은 조금도 자기의 주장을 양보하지 않았습니다. 39절을 보면, '서로 심히 다투었다'고 기록되어 있습니다. 이 말은 상당히 격렬하게 다투었다는 뜻입니다. 우리 한국 사람들도 성격이 급하고 싸움을 잘하지만, 유대인들은 우리보다 더 심하다고 합니다. 두 사람은 서로 의견의 일치를 보지 못하고 결국 피차 갈라서게 되었습니다. 바나바는 자기 주장대로 마가를 데리고 자기 고향이자 1차 전도여행 때 첫 행선지였던 구브로로 떠났습니다. 바울은 실라를 동역자로 택한 후에 2차 전도여행을 떠났습니다. 이로써 두 사람의 동역은 끝나게 됩니다. 얼마나 안타깝고 아쉬운 일인지 모릅니다.

세 가지 영적 교훈

하나님은 이 사건을 통해 우리에게 세 가지 교훈을 주십니다.

첫째, 경건한 자들 간에도 의견 충돌이 있을 수 있다는 것입니다

사도 바울과 바나바는 매우 경건한 사람들입니다. 복음을 위해 헌신된 사람들이며, 기도와 전도에 힘쓰는 사람들이었습니다. 그러나 이렇게 훌륭한 두 사람 간에 의견대립이 있었던 것입니다.

캠벨 몰간이라는 유명한 영국 목사는 이 구절을 볼 때마다 큰 위로를 받는다고 하였습니다. 왜냐하면 위대한 대사도요 성자라 일컬어지는 바울과 바나바도 우리처럼 서로 다툰 허물이 있기 때문이라는 것입니다. 인간은 다 부족하고 약점이 있고 실수하게 마련입니다. 여기서 우리가 기억할 것은 우리가 의견이 서로 다르고 다툼이 있다고 하여 믿음이 없는 것은 아니라는 점입니다.

1600년대 감리교 창시자인 요한 웨슬레와 조지 휫필드는 영국과 미국에서 부흥운동을 일으킨 위대한 인물들입니다. 두 분은 옥스퍼드대학 시절부터 함께 기도회를 조직하고 동역한 사람들입니다. 그러나 그들의 사역이 커졌을 때 신학적인 문제가 아닌 사소한 몇 가지 실제적인 문제를 가지고 의견이 대립되어 서로 헤어져, 각각 다른 사역의 길을 간 것은 유명한 이야기입니다. 이처럼 얼마든지 하나님의 사람들 가운데 의견대립이 있을 수 있습니다.

둘째, 서로 개인차를 인정해야 한다는 것입니다

사람들마다 가치관이 다르고 인생관이 다르고

취향이 다릅니다. 그래서 동일한 사건에 대해서 얼마든지 생각이 다를 수 있습니다. 우리는 서로 생각이 다르고 의견이 다르다는 점을 인정하고 존중해야 합니다. 공동체 생활에 있어서 우리가 경계해야 할 태도는 나와 생각이 다르면 틀리다고 판단하는 태도입니다. 서로 달라도 둘 다 맞을 수가 얼마든지 있습니다. 우리는 흑백 논리적 사고에 많은 영향을 받아서 무슨 일이든지 흑과 백으로 나누기를 좋아합니다. 나는 백인데 당신도 백이냐 아니면 흑이냐를 따지고 흑이라고 하면 무조건 잘못되었다며 배척하는 경향이 강합니다.

여러분이 생각하실 때 바울이 옳습니까 아니면 바나바가 옳습니까? 아마 거의 반반으로 갈라질 것입니다. 왜 그런지 아십니까?

사람은 크게 두 가지 타입으로 나누어지기 때문입니다. 두 가지 타입이란 사람 중심적 타입과 과업 중심적 타입입니다. 영어로는 'people oriented type' 과 'task oriented type' 이라고 합니다. 과업 중심적 타입은 자기가 맡은 일을 수행하는데 모든 것의 우선권을 둡니다. 사람보다 일을 중시합니다. 인간관계보다 자기가 맡은 일을 더 중시합니다. 반면에 사람 중심적 타입은 일보다 사람을 더 중시합니다. 인간관계를 그 어느 것보다 귀하게 여깁니다. 일을 추진하는데 마음이 상하는 사람이 있으면 일을 포기하더라도 사람을 택하는 타입입니다. 친구 일이라면 자기 직장 일이나 가정 일을 팽개치고 나서서 도와주는 사람이 이런 타입의 사람이라 할 수 있습니다.

바나바가 원래 이런 사람입니다. 그의 본명은 요셉인데 하도 사람들을 잘 돌보고 격려하기 때문에 사람들이 '바나바'란 이름을 지어주었습니다. 이는 '위로자'라는 뜻입니다. 그는 이처럼 일보다 사람을 중시하는 성품을 가진 사람이기에 전도여행의 능률이 조금 떨어진다 해도 많은 잠재력을 가지고 있는 청년 마가를 데리고 가는 것이 좋겠다고 생각한 것입니다. 더군다나 마가는 바나바의 사촌동생이어서 누구보다 마가의 가능성을 잘 알고 있었고 친척으로서 사랑과 애착이 있었던 것입니다.

반면에 바울은 과업 중심적 사람입니다. 그는 사도행전 20장에서 자기의 사명, 즉 복음 전파하는 일을 위해서는 자기 목숨을 조금도 귀하게 여기지 않는다고 고백할 정도로 일을 우선하는 사람입니다. 그는 사도직을 수행하기 위해 결혼도 포기한 사람입니다. 그러기에 그는 3차에 걸친 전도여행에서 많은 교회를 세우고 13권의 신약성경을 저술하였던 것입니다. 따라서 바울의 입장에선 2차 전도여행이란 막중한 사명을 수행하는데, 약간의 어려움을 인내하지 못하고 중도에 전도팀을 이탈한 사람은 팀의 분위기만 해치지 별로 덕이 될 것이 없다고 판단한 것입니다.

과연 누가 옳은 것입니까? 제가 볼 땐 둘 다 옳은 것 같습니다. 그러기에 성경도 어느 누구가 잘했고 누구는 잘못했다고 평가를 전혀 하지 않고 있는 것입니다.

이 두 가지 타입의 사람들 긴의 견해 차이 때문에 교회에서 의견이 대립될 때가 자주 있습니다. 과업 중심적 타입의 사람이 볼 때 사람 중심적 타입의 사람이 도저히 이해가 안 됩니다. 이 사람 저 사람 사정을 다 봐주다가 세월만 다 보내고 무슨 일을 하겠다는 것이냐고 비판하게 됩니다. 반면에 사람 중심적 타입의 사람은 저 사람들은 사람을 귀하게 여기지 않고 사랑도 없는 사람들이라고 비판하게 됩니다. 이러면 늘 분쟁하게 됩니다. 서로를 이해하려고 노력해야 하며 가치를 인정해야 합니다. 교회 안에는 두 종류의 사람이 모두 필요합니다. 사람을 잘 돌보는 사람도 필요하며, 일을 박력 있게 추진하는 사람도 필요합니다.

셋째, 의견이 다를 때 싸움으로 발전해서는 안 된다는 것입니다

바울과 바나바는 서로 의견이 다르다고 심하게 싸웠습니다. 그래서 갈라서게 되었습니다. 인간이란 감정의 동물이라서 의견대립이 생기면 흥분하게 되고 심한 말을 하게 됩니다. 자기주장을 관철시키기 위해 상대방의 의견을 비판하다 보면 마음을 상하게 하고 감정을 자극하는 말을 서슴지 않고 하게 됩니다. 그러다 보면 결국 언쟁이 되고 분쟁이 됩니다. 여기까지 갔기 때문에 동역이 불가능하여 결국 서로 헤어지게 된 것입니다.

우리는 앞으로 위원회에서든지 제직회에서든지 의견이 다르더라도 결코 싸움으로 발전하지 않도록 다함께 조심해야 하겠습니다. 얼마든지 의견이 다를 수 있기 때문에 교회 안에 투표 제도가 있는 것입니다. 충분히 각자의 의견을 개진한 후에 평화스럽게 교회헌법이 정한 법에 따라 투표로 결정하면 됩니다. 투표라는 것은 각 사람의 의견이 동일하게 중요하다는 사실을 전제하고 있습니다. 내 의견이 중요한 만큼 다른 사람의 의견도 중요합니다. 모든 사람의 생각이 같을 수 없기에 중요한 안건은 2/3의 찬성으로, 보통 안건은 다수결로 결정하는 것입니다.

특별히 우리는 교육관 건축을 앞두고 있습니다. 많은 결정을 해야 합니다. 여러 건축업자들을 선정해야 하고, 건물내부 구조를 결정해야 합니다. 조경도 해야 합니다. 교회간판도 새로 달아야 합니다. 하나하나가 우리의 선택과 결정을 필요로 하는 일입니다. 만일 카펫 색깔 때문에 교회가 갈라지고, 피아노를 어디에 놓을 것인가 하는 문제로 교회가 분열된다면 우리는 어떻게 되겠습니까? 모든 일이 은혜스럽게 진행될 수 있도록 다 같이 조심하고 서로를 귀하게 여겨야 하겠습니다. 서로 사랑으로 종노릇해야 하겠습니다. 무엇보다 기도에 힘써야 하겠습니다. 예수님의 온유와 겸손을 배우고 실천해야 하겠습니다.

모든 것을 합력하여 선을 이루시는 하나님

바울과 바나바가 서로 싸우고 헤어지게 된 것은 결코 바람직한 일이 아니었습니다. 그러나 하나님은 인간의 실수를 가지고도 합력하여 선을 이루시는 분임을 이 일을 통해서도 보여 주셨습니다. 바나바는 이 일 후로 역사의 전면에서 사라졌지만 마가를 훌륭한 사역자로 양성하였습니다. 마가는 후에 베드로의 제자가 되었고 마가복음을 저술하였습니다. 만일 바나바가 마가를 선택하지 않았다면 마가라는 위대한 인물은 불가능했을 것입니다.

반면에 바울은 실라를 택하여 제2차 전도여행과 3차 전도여행을 통해서 소아시아와 유럽지역에 수많은 교회를 세웠고 기독교의 교리체계를 이룩하였습니다. 그는 실라, 디도와 디모데라는 훌륭한 사역자들을 발굴하고 양성하는 등 인물 배출에도 큰일을 하였습니다. 후에 바울은 디모데후서 4장에서 디모데에게 마가가 나에게 유익한 사람이니까 자기에게 올 때에 마가를 데리고 오라고 부탁할 정도로 마가를 인정하게 됩니다.

하나님은 우리에게 최선을 바라시지만, 우리의 연약함으로 최선에 실패했을 때 하나님은 우리의 차선을 사용하십니다. 몇 가정이 떠나는 분열의 상처는 분명 우리의 허물입니다. 그러나 이제 차선이 남아 있습니다. 우리 모두가 함께 잘되는 길로 나가야 하겠습니다. 다시 합쳐지기를 원하지만, 만일 그것이 여의치 않더라도 서로를 위해 축복하고 기도해야 할 것입니다. 우리는 성전건축을 통하여 세계선교와 지역복음화, 교회부흥을 이루고, 떠나신 분들은 새 교회에 잘 정착하여 열심히 신앙생활을 통해 하나님께 영광을 돌려야 하겠습니다. 이것이 하나님께서 원하시는 일이라고 확신합니다.

이와 같은 성도 여러분이 되시기를 주님의 이름으로 축원합니다.

3

교회다운 교회
본문 : 에베소서 4:11-16

아버지의 모성

그가 어떤 사람은 사도로, 어떤 사람은 선지자로, 어떤 사람은 복음 전하는 자로, 어떤 사람은 목사와 교사로 삼으셨으니 이는 성도를 온전하게 하며 봉사의 일을 하게 하며 그리스도의 몸을 세우려 하심이라 우리가 다 하나님의 아들을 믿는 것과 아는 일에 하나가 되어 온전한 사람을 이루어 그리스도의 장성한 분량이 충만한 데까지 이르리니 이는 우리가 이제부터 어린 아이가 되지 아니하여 사람의 속임수와 간사한 유혹에 빠져 온갖 교훈의 풍조에 밀려 요동하지 않게 하려 함이라 오직 사랑 안에서 참된 것을 하여 범사에 그에게까지 자랄지라 그는 머리니 곧 그리스도라 그에게서 온 몸이 각 마디를 통하여 도움을 받음으로 연결되고 결합되어 각 지체의 분량대로 역사하여 그 몸을 자라게 하며 사랑 안에서 스스로 세우느니라

본문 : 에베소서 4:11-16

03.
교회다운 교회
본문 : 에베소서 4:11-16

모범적인 교회로 선정되는 영예를 차지하려면

「US NEWS & WORLD REPORT」지는 매년 미국의 대학들을 조사해서 우수한 대학들을 발표합니다. 교수들의 수준, 연구 실적, 학교 시설, 학생들의 입학성적 등 여러 가지를 고려합니다. 어느 해는 하버드대학이, 어느 해는 예일대학이나 프린스턴 대학이 미국 최고의 대학 영예를 차지합니다.

교회성장연구소에서 가끔 세계에서 가장 교인 수가 많은 교회들의 순위를 발표하는 경우가 있습니다. 그러나 교인수가 많은 대형 교회일수록 모범적이고 우수한 교회라고 생각하는 사람은 아무도 없습니다. 그러면 어떤 교회가 모범적인 교회입니까? 본문은 우리에게 모범적인 교회, 성숙한 교회에 대해 가르쳐주고 있습니다.

본문을 중심으로 모범적인 교회의 모습을 살펴보며 함께 은혜를 나누기 원합니다.

사명을 올바로 감당하는 목회자 (11-12절)

모범적인 교회는 사명을 올바로 감당하는 목회자가 있는 교회입니다.

11절을 보시기 바랍니다: "그가 어떤 사람은 사도로, 어떤 사람은 선지자로, 어떤 사람은 복음 전하는 자로, 어떤 사람은 목사와 교사로 삼으셨으니." 교회의 네 가지 사역자들의 직책이 열거되어 있습니다. 여기서 '그'는 예수 그리스도를 지칭합니다. 그리스도께서 자신의 교회를 세우시기 위해 사역자들을 주셨습니다. 사도와 선지자는 초대교회에만 존재하였던 직책입니다. '사도'는 주로 12제자들을 지칭하는데, 교회의 기초를 놓았던 당시 최고 권위를 가졌던 분들입니다. '선지자'는 성령의 직접적인 인도 하에 영적 통찰력을 가졌던 자들로 하나님의 뜻을 알고 교회와 성도 개인의 미래사를 예언하는 은사를 가졌던 분들입니다. '복음 전하는 자'는 지금도 존재하는 직책입니다. 교회들을 순회하면서 복음을 전하여 불신자들을 회심시켜 교회의 회원이 되게 하였습니다. 일곱 집사 가운데 빌립이 대표적인 사람이었으며, 빌리그래함이나 무디 목사 같은 분들이 이에 해당합니다.

마지막으로 '목사와 교사'가 있습니다. 이는 한 사람을 지칭합니다. 목사인 동시에 교사를 뜻합니다. '목사'는 원어적으로 목자를 말하는데 교인들을 영적으로 인도하고 보호하는 일을 합니다. '교사'는 가르치는 자들로 성경말씀을 교인들이 이해하기 쉽게 설명하고 먹이는 영적 양식의 공급자 역할을 강조하는 것입니다. 따라서 목사는 목자의 기능과 교사의 기능을 동시에 잘 수행하는 사역자가 되어야 합니다. 교회가 잘 되고 못 되고는 목사에게 달려있다는 말을 자주 합니다. 사실 그렇습니다. 왜냐하면 그리스도께서 막중한 권한과 책임을 목사에게 부여하셨기 때문입니다. 하나님께서 이들 사역자에게 세 가지 사명을 주셨습니다. 12절을 보시기 바랍니다: "이는 성도를 온전하게 하며 봉사의 일을 하게 하며 그리스도의 몸을 세우려 하심이라."

성도를 온전하게 함

첫 번째 사명은 '성도를 온전하게 하는 일'입니다. '온전하게 한다'는 말은 '원래 상태로 맞춘다, 또는 원래 상태로 회복시킨다'는 뜻을 가지고 있습니다. 영어로는

'equipping'이라고 합니다. 성도로서 제 역할을 다할 수 있도록 준비시키고 무장시킨다는 뜻입니다. 하나님께서 목사를 통하여 성도들을 온전하게 하시는 도구는 주로 성경말씀과 기도입니다. 디모데후서 3장 16-17절에 "모든 성경은 하나님의 감동으로 된 것으로 교훈과 책망과 바르게 함과 의로 교육하기에 유익하니 이는 하나님의 사람으로 온전하게 하며 모든 선한 일을 행할 능력을 갖추게 하려 함이라"고 하였듯이, 성경말씀은 성도들을 온전하게 하여 능히 선한 일을 행할 능력을 갖추게 합니다. 영적으로 성장하고 성숙하는 것은 말씀을 통해서 이루어집니다. 교회에서 열심히 말씀을 가르치고 또 열심히 배워야 하는 이유가 바로 여기에 있습니다. 또 목회자는 기도를 통해 성도들을 온전하게 하는 일을 합니다. 믿음이 올바로 성장하도록, 시험에 들지 않도록, 능력 있는 믿음생활을 하도록 늘 기도합니다. 그래서 사도들은 일곱 집사를 세우면서, 자신들은 '오로지 기도하는 일과 말씀 사역에 힘쓰겠다' (행 6:4)고 결심한 것입니다. 목사는 오로지 말씀과 기도에 힘써야 하며, 교회는 목사가 오로지 말씀과 기도에 힘쓸 수 있는 여건과 환경을 마련해 주어야 합니다.

봉사의 일을 하게 함

목사의 두 번째 사명은 성도들이 봉사의 일을 하게 하는 것입니다.

'봉사'란 서로를 섬기는 것을 의미합니다. 봉사는 모든 성도들이 빠짐없이 다 참여해야 하는, 성도의 의무인 동시에 특권입니다. 목사는 성도들로 하여금 자신의 은사를 계발하여 교회 안에서 그 은사를 성도들을 위해 사용할 수 있도록 돕는 일을 해야 합니다. 이 부분은 뒤에서 다시 말씀드리려고 합니다.

그리스도의 몸을 세움

목사의 세 번째 사명은 그리스도의 몸, 즉 교회를 바로 세우는 일을 하는 것입니다.

교회를 이루어져가는 건물에 비유합니다. 그리스도를 머릿돌로 하여 건물이 올바로 세워질 수 있도록 적재적소에 성도들을 배치하는 일을 합니다. 성도들을 훈련시켜 교회의 일꾼으로 세우는 일, 전도를 통해 거듭난 새 신자를 날마다 교회에 편입하는 일, 이들을 훈련시켜 성숙한 성도로 만드는 일 등이 바로 그리스도의 몸을 세우는 일에 해당됩니다.

헌신적으로 봉사하는 성숙한 성도들 (13-16절)

모범적인 교회는 올바른 목회자와 함께 헌신적으로 봉사하는 성숙한 성도들이 많이 있는 교회입니다.

성숙한 성도

13절에 성숙한 성도의 모습이 나옵니다: "우리가 다 하나님의 아들을 믿는 것과 아는 일에 하나가 되어 온전한 사람을 이루어 그리스도의 장성한 분량이 충만한 데까지 이르리니."

'하나님의 아들, 즉 예수 그리스도를 믿는 것'과 '아는 것'이 일치가 된 성도를 온전한 성도라 합니다. 우리의 믿음이 올바른 지식을 갖추고 있어야 합니다. 목사의 말씀 사역을 통해 열심히 배우고 깨닫고 삶에 적용하는 성도들이 성숙한 성도들입니다. 그리스도의 장성한 분량, 즉 '그리스도의 충만'에 이르는 것이 성숙한 성도들의 목표입니다.

영적 어린아이가 많은 에베소교회(14절)

14절을 보면, 에베소교회에는 영적 어린아이가 많았음을 알 수 있습니다. "이는 우리가 이제부터 어린아이가 되지 아니하여.' 이제 더 이상 어린아이가 되지 말자는 뜻입니다. 누구든지 예수님을 영접하면 영적으로 갓 태어난 아이들입니다. 말씀과 기도로 영적 성장을 이루어야 하는데, 5년 10년이 지나도 그대로 아이 상태로 머물러 있으면 큰 문제입니다. 사도 바울은 지금 이런 성도들을 말하고 있는 것입니다. 교회는 하나의 가정입니다. 어린아이도 있고 어른도 있습니다. 그런데 어른은 적고 어린아이가 많으면 영적으로 여러 문제가 발생합니다. 어른과 아이의 숫자가 적당한 균형을 이루고 있는 교회가 되어야 합니다.

영적 어린아이의 특징이 14절에 계속됩니다. "사람의 속임수와 간사한 유혹에 빠져 온갖 교훈의 풍조에 밀려 요동하는" 사람들입니다.

성도 여러분! '어른 유괴범' 이란 말을 들어 보셨습니까? '어린이 유괴범' 은 있어도 '어른 유괴범' 은 없습니다. 처음 보는 사람이 사탕 사준다고, 또는 극장구경 시켜주며 유혹한다고 어른들은 따라가지 않습니다. 세상물정 모르고 판단력이 없는 순진한 아이들이 따라갑니다. 이단들의 꾀임과 속임수에 넘어가는 사람들은 영적으로 유괴되는 사람들입니다. 최근『가계에 흐르는 저주를 끊어야 산다』는 책과 가르침이 많은 사람을 미혹하고 있습니다. 조금만 신학적인 지식과 성경지식이 있으면 잘

못된 것을 알 수 있는 것인데도 많은 사람이 현혹되고 있습니다. 다 신앙적으로 미성숙해서 그렇습니다. 우리가 부지런히 말씀을 배우고 말씀으로 무장해야 이런 영적 어린아이 상태에서 탈피할 수 있습니다.

사랑 안에서 참된 것을 하라(15절)

15절을 보면 영적으로 성장하는 비결을 가르쳐 주고 있습니다: "오직 사랑 안에서 참된 것을 하여 범사에 그에게까지 자랄지라 그는 머리니 곧 그리스도라."

여기서 "참된 것을 하라"는 말은 '참된 것을 말하라'는 뜻도 가지고 있습니다. 그러니까 성도들이 늘 사랑 안에서 서로 참된 말만 하고 진실된 행동을 할 때 믿음이 성장하게 됩니다. 말을 진실되게 하는 것은 믿음 성장에 매우 중요합니다. 있는 그대로 올바른 말만 하는 습관을 계속 길러야 합니다.

봉사하는 성도

성숙한 성도는 동시에 열심히 봉사하는 성도입니다.

"그에게서 온 몸이 각 마디를 통하여 도움을 받음으로 연결되고 결합되어 각 지체의 분량대로 역사하여 그 몸을 자라게 하며 사랑 안에서 스스로 세우느니라"(16절).

그리스도를 중심으로 각 지체들이 연결되고 결합되어, '각 지체의 분량대로 역사하는 것' 이 대단히 중요합니다. 우리 각자의 은사와 믿음의 분량대로 열심히 서로를 위해 일해야 합니다. 그럴 때 각 지체들이 힘을 얻어 골고루 더불어 성장하게 됩니다. 봉사는 결국 성장과 성숙을 위한 것입니다. 나의 봉사를 통해 다른 지체들이 힘을 얻고, 다른 사람의 봉사를 통해 나의 믿음이 자라나게 됩니다. 교회에는 성가대원이나 주일학교 교사, 예배 안내나 교회관리 등 여러가지 봉사하는 일이 있습니다. 우리 교회 옆에 있는 윌로우크릭교회에서는 성도들이 열심히 봉사하는 모습을 교회 어디에서나 볼 수 있습니다. 교회를 처음 방문하는 사람들이 가장 많이 은혜를 받는 곳이 주차장입니다. 주차장 안내하시는 분들이 유니폼을 입고 질서 있고 친절하게 봉사하시는 모습이 얼마나 보기 좋은지 모릅니다.

이명박 대통령은 독실한 크리스천입니다. 그 분은 오랫동안 한국 소망교회의 1부 예배 차량당번을 비가 오나 눈이 오나 쉬지 않고 몇 년 동안 봉사하였다고 합니다. 그래서 사람들이 그 분의 얼굴을 보기 위해 오는 경우도 있었다고 합니다. 이처럼 봉사는 당사자와 다른 성도들에게 많은 유익을 주게 됩니다.

사명에 투철한 목회자와 성숙한 성도들이 만들어 가는 모범적인 교회

지금까지 우리는 모범적인 교회의 모습을 살펴보았습니다.

하나님께서 주신 세 가지 사명, 성도를 온전하게 하며, 봉사의 일을 하게 하며, 그리스도의 몸을 세우는 일을 충성스럽게 감당하는 목회자들이 있고, 받은 은사를 가지고 열심히 봉사하며, 말씀 훈련을 통해 영적 분별력을 갖춘 성숙한 성도들이 많이 있는 교회가 바로 모범적인 교회입니다.

이런 성도들이 되시며, 이런 모범적인 교회를 함께 만들어 나가시는 성도 여러분이 되시기를 주님의 이름으로 축원합니다.

4

하나님이 기뻐하는 교회

본문 : 요한복음 8:29

아버지의 모성

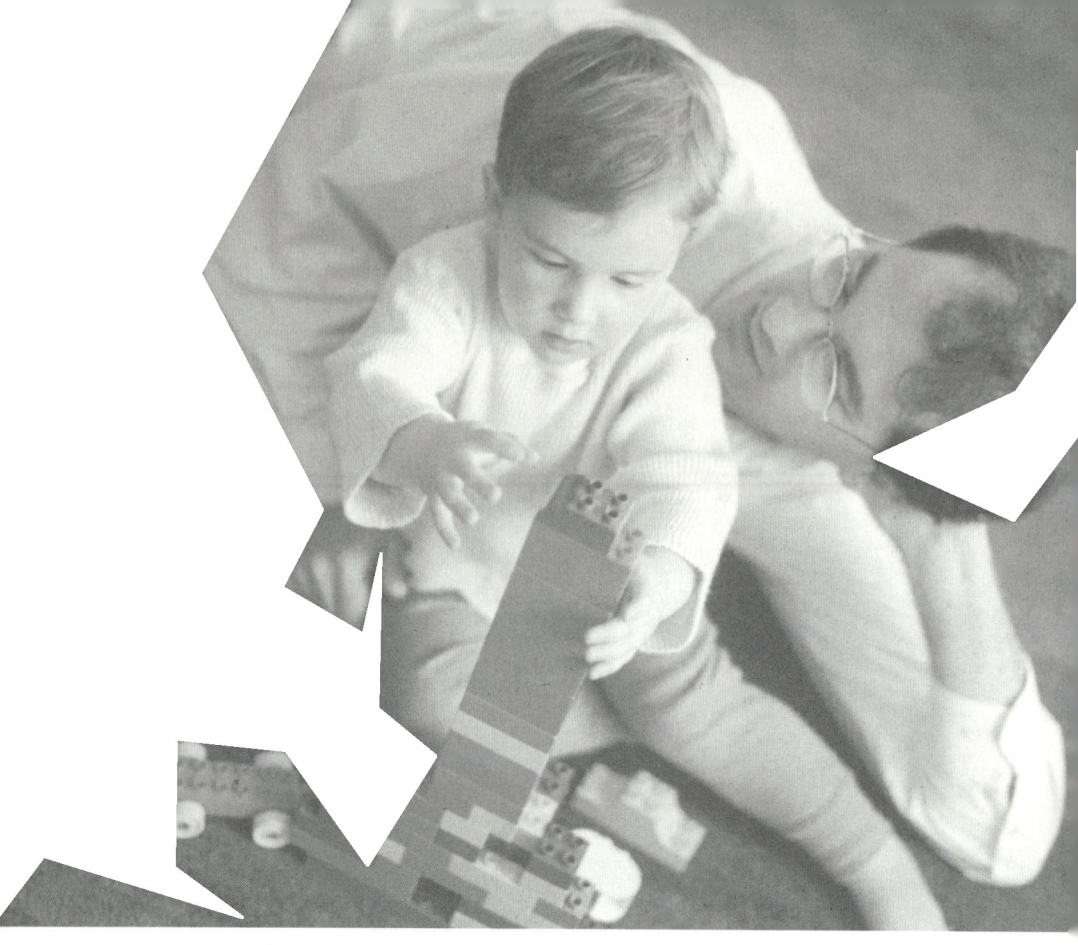

나를 보내신 이가 나와 함께 하시도다 내가 항상 그의 기뻐하시는 일을 행하므로 나를 혼자 두지 아니하셨느니라

본문 : 요한복음 8:29

04. 하나님이 기뻐하는 교회

본문 : 요한복음 8:29

하나님이 기뻐하시는 일만 행하는 교회

몇 달 전에 미국에 오신 지 얼마 되지 않은 분을 한 모임에서 만난 적이 있었습니다. 이런 저런 이야기를 나누는 중에 그 분은 한국에서는 전혀 교회를 나가지 않았는데, 미국에 와서 교회를 나가기 시작했다는 말을 제게 했습니다. 그래서 "어떻게 교회에 나갈 생각을 하게 되었습니까?" 하고 물었더니, 이민을 간다고 하니 여러 사람들이 미국에 가면 꼭 교회에 나가라고, 교회에 나가면 많은 도움을 받을 수 있다고 해서 무조건 나오게 되었다고 대답했습니다. 저는 이 말을 듣는 순간 그래도 세상 사람들에게 이민교회가 뭔가 도움을 주는 곳이라는 좋은 이미지를 갖고 있어서 감사한 마음이 들었습니다. 만일 주위 사람들이 "미국에 가면 절대 교회는 가지 말아라. 교회에는 사기꾼들로 가득 차 있다."고 말했다면 그 분은 어떤 일이 있어도 교회에 나오지 않았을 것입니다.

이처럼 교회에 대한 이미지는 믿지 않는 분들을 전도하는 데 매우 큰 영향을 끼칩니다. 대체로 믿지 않는 분들이 '교회는 말이 많고 싸움을 많이 하는 곳'이라는 이미지를 갖고 있습니다. 저는 며칠 전 한 설문조사를 보고 매우 놀란 적이 있습니다. 한 미국 종교잡지에서 교회 분쟁에 관해서 목사들을 대상으로 설문조사한 것이었습니다.

"지난 2년 동안에 당신의 교회에 분쟁이 있었는가?"라는 질문에 2/3나 되는 목사들이 '그렇다'고 대답했습니다. 이 설문은 미국 전역에 있는 목사들을 대상으로 한 것이므로, 미국교회에 관한 내용입니다. 저는 미국교회들 안에도 분쟁이 많다는 사실을 알게 되었습니다. 그런데 솔직히 말씀드려서 우리 한인이민 교회들은 더 분쟁이 많습니다. 그렇다면 우리는 이런 질문을 스스로 하게 됩니다. "도대체 왜 교회 안에 분쟁이 이렇게 많은가? 그 이유가 무엇인가?" 하나님이 교회를 세우실 때 성도들이 모여 서로 싸움이나 하라고 세우신 것이 아닌 것은 분명한 사실입니다.

우리 교회의 표어는 「하나님이 기뻐하시는 일만 행하는 교회」입니다. 저는 우리 교회에 부임했을 때 교회의 목표를 위해 기도하였는데, 그 때 하나님께서 이 표어를 주셨습니다. 그 때 함께 주신 성경구절이 바로 본문말씀입니다. 요한복음 8장 29절은 예수님께서 직접 하신 말씀입니다. 이 말씀을 함께 상고하면서(examine) 교회가 '하나님이 기뻐하시는 교회'가 되는 길을 찾아보고자 합니다.

하나님이 나와 함께 하신다

'나를 보내신 이'

29절은 두 문장으로 되어 있는데, 첫 번째 문장은 다음과 같습니다: "나를 보내신 이가 나와 함께 하시도다."

예수님께서 "하나님이 나와 함께 하신다"고 말씀하고 계십니다. 여기서 예수님은 하나님을 '나를 보내신 이'라고 표현하고 있습니다. 12절부터 29절까지 기록되어 있는 가르침에서 예수님은 '나를 보내신 이'라는 용어를 네 번이나 반복하여 사용하심으로 특별히 강조하고 있습니다. 주님이 짧은 본문에서 이렇게 많이 반복하실 때는 매우 중요한 것임을 알 수 있습니다. 예수님은 이 땅에 사시는 동안 자신이 하나님이심에도 불구하고 하나님 아버지에 의해 보냄을 받은 자라는 자의식(self-identity)

을 가지고 있었습니다.

예수님의 12제자를 사도라고 부릅니다. '사도'는 영어로 'apostle' 인데, 이 말은 〈아포스톨로스〉라는 헬라어에서 온 것입니다. 이 말의 뜻은 '보냄을 받은 자' 입니다. 각 나라는 세계 각국에 대사를 파견합니다. 대사는 그 나라와 대통령을 대신하여 보낸 사람입니다. 대사는 한 번도 자기 생각을 국가의 정책이라고 말한 적이 없습니다. 대사는 항상 대통령의 지시를 받은 내용만 대변하고 국가를 대표하여 행동을 합니다.

이와 마찬가지로 예수님은 하나님의 보냄을 받은 자로서 하나님께서 시키신 일만 하고, 말씀하신 내용만 대언하셨습니다. 예수님은 '자신이 온 인류의 구원을 위해 십자가의 고난과 죽임을 당하는 사명'을 가지고 이 땅에 보냄을 받았다는 사실을 한 번도 의심하지 않았습니다. 그리곤 그 사명을 100% 실천에 옮겼습니다. '나는 보냄을 받은 자' 라는 의식을 갖는 것은 자신이 하고 있는 일에 대해 강한 사명감을 갖게 하고, 어떤 어려움도 참을 수 있는 인내심을 갖게 하며, 그 일에 대한 애착심을 키워 줍니다. 우리도 이 의식을 가져야 합니다.

우리는 모두 하나님께로부터 이 세상으로 보냄을 받은 자들입니다. 하나님은 인류의 구원역사를 이루시기 위해 우리들을 하나님의 대사로 부르셨습니다. 미국에 와서 살고 있는 우리들은 이 땅으로 부름 받은 사람들입니다. 하나님에게는 결코 우연이 없고 실수가 없습니다. 세상 모든 일은 하나님의 섭리(providence)와 계획(plan)에 따라 한 치의 오차도 없이 이루어집니다. 참새 두 마리가 땅에 떨어져 한 앗사리온(assarion)에 팔리는 일과 같은 사소한 일도 하나님의 허락 없이는 이루어지지 않습니다. 그렇다면 우리가 미국 땅에 온 것도 반드시 하나님의 계획 속에 있는 일이 분명합니다. 내가 어떤 이유로 어떤 과정을 거쳐 왔는지 상관없이 말입니다.

하나님은 분명한 목적을 가지고 우리를 미국 땅에 보내셨습니다. 이 말은 미국 땅에 온 우리에게 분명한 사명이 있다는 뜻입니다. 여러분은 이 사명을 분명히 깨달아야 이민생활에 성공할 수 있습니다. 제가 보니까 미국에 이민 왔으면서도 마음을 정하지 못하고 한국과 미국을 왔다 갔다 하는 분들은 하나같이 성공하지 못합니다. 저는 점점 더 확신합니다. 하나님은 뜻이 계셔서 200만 명이 넘는 우리 한인들을 미국 땅에 보내셨습니다.

저는 최근에 한 선교단체의 이사회에 참석하여 함께 세계선교를 위해 계획을 세우고 의논을 하면서 다시 한 번 확신하게 되었습니다. 하나님은 우리를 통해 위대한 일을 하시기 위해 우리들을 보냈습니다. 세계선교를 위해 우리들을 보냈습니다. 미국 땅을 영적으로 각성시키기 위해 우리들을 보냈습니다. 우리들의 2세, 3세들을 사용하여 큰 일을 하시기 위해 우리들을 보냈습니다. 우리는 장기적인 안목을 가지고 우리들은 물론, 우리 후손들이 그 사명을 감당할 수 있도록 그 기초를 닦는 일들을 잘 감당해야 합니다.

하나님이 함께 하시는 이유

29절의 두 번째 문장은 이렇게 되어 있습니다: "나는 항상 그가 기뻐하시는 일을 행하므로 나를 혼자 두지 아니하셨느니라."

여기서 예수님은 '왜 하나님께서 자신과 늘 함께 하시는가' 그 이유를 설명해 주고 있습니다. 그것은 예수님이 항상 하나님의 기뻐하시는 일을 행했기 때문입니다. 성경에서 가장 큰 복은 '임마누엘의 복'입니다. '임마누엘'이란 '하나님이 우리와 함께 하신다'는 뜻입니다. 전능하시고 전지하신 하나님께서 나와 함께 하실 때 우리는 두려울 것이 없습니다. 만사가 형통하게 되어 있습니다. 하나님께서 모든 것을 해결해 주시기 때문입니다. 그래서 임마누엘의 복이 최고의 복인 것입니다. 우리가 개인의 삶에 있어서 성공할 수 있는 비결이 바로 여기에 있습니다. '항상 하나님의 기뻐하시는 일을 행하는 것'입니다. 교회도 마찬가지입니다. 우리 교회가 늘 하나님께서 함께 하시고 하나님의 임재와 영광을 체험하는 교회가 되려면 '항상 하나님께서 기뻐하시는 일'을 행하면 됩니다.

이것이 하나님이 기뻐하시는 일입니다

그렇다면 하나님이 기뻐하시는 일이란 어떤 것입니까? '기뻐하시는 일'이란 단어는 헬라어로 〈아레스토스〉인데, 이 말은 '뜻에 맞는', '합하는', '기분 좋은'이란 뜻을 가지고 있습니다. 따라서 하나님이 기뻐하시는 일이란 '하나님의 뜻에 맞는 일'인 것입니다. 성경은 여러 가지를 말하고 있지만 저는 오늘 세 가지만 말씀드리려고 합니다.

첫째, 믿음으로 사는 것입니다

"믿음으로 에녹은 죽음을 보지 않고 옮겨졌으니 하나님이 그를 옮기심으로 다시 보이지 아니하였느니라. 그는 옮겨지기 전에 하나님을 기쁘시게 하는 자라 하는 증거를 받았느니라. 믿음이 없이는 하나님을 기쁘시게 하지 못하나니 하나님께 나아가는 자는 반드시 그가 계신 것과 또한 그가 자기를 찾는 자들에게 상 주시는 이심을 믿어야 할지니라."(히 11:5-6).

에녹이란 사람은 창세기에 나오는 인물입니다. 그는 하나님과 동행하는 삶을 살다가 어느 날 갑자기 이 땅에서 사라졌습니

다. 하나님께서 죽음을 보지 않고 그를 데려가셨기 때문입니다. 그는 믿음으로 살았고 그래서 하나님을 기쁘시게 하는 자라는 인정을 받았습니다. 우리가 믿어야 할 것은 두 가지입니다. 하나는 하나님이 계신 것을 믿는 것이고, 다른 하나는 하나님께서 사기를 찾는 자들에게 상주시는 분임을 믿는 것입니다. 사랑하는 성도 여러분! 어떤 상황, 어떤 순간에도 의심하지 마시고 꼭 하나님을 믿으시기 바랍니다. 100% 절망의 순간으로 보이는 때에도 끝까지 믿어 보시기 바랍니다. 반드시 하나님의 응답과 복이 있을 것입니다.

둘째, 영혼구원입니다

"내가 하늘에서 내려온 것은 내 뜻을 행하려 함이 아니요 나를 보내신 이의 뜻을 행하려 함이니라. 나를 보내신 이의 뜻은 내게 주신 자 중에 내가 하나도 잃어버리지 아니하고 마지막 날에 다시 살리는 이것이니라. 내 아버지의 뜻은 아들을 보고 믿는 자마다 영생을 얻는 이것이니 마지막 날에 내가 이를 다시 살리리라 하시니라." (요 6:38-40).

하나님이 기뻐하시는 뜻은 인류의 영혼구원입니다. 하나님은 모든 사람이 다 구원에 이르기를 원하십니다. 그래서 우리 믿는 자들에게 '너희는 온 천하에 다니며 만민에게 복음을 전파하라'고 명령하셨습니다. 예수님은 이 사명 완수를 위해 최선을 다했습니다. 자신의 목숨까지 바치셨습니다. 열심히 전도를 배우고 전도를 위해 기도하고 나가서 전도하는 일에 혼신의 힘을 다할 때 하나님은 우리를 기뻐하시고 반드시 우리와 임마누엘 하실 것입니다.

셋째, 사랑을 실천하는 것입니다

하나님은 "네 이웃을 네 자신과 같이 사랑하라"고 명령하셨습니다. 우리 이웃 중에 가난하고 불쌍한 사람들, 병든 사람들을 돌보고 도와주는 일에 힘써야 합니다. 예수님은 '착한 사마리아인의 비유'를 통해 우리가 사랑해야 할 이웃이 누구인지를 가르쳐 주셨습니다. 강도를 만나 거의 죽게 되어 있는 사람, 우리가 도와주지 않으면 곧 죽을 사람이 우리가 우선으로 사랑해야 할 이웃입니다. 저는 우리 시대에 강도 만난 이웃은 전 세계에 기아선상에서 허덕이는 사람들이라고 생각합니다. 아프리카의 이디오피아, 르완다 같은 나라들, 인도나 방글라데시 같은 나라들의 빈민들, 그리고 우리의 북한 동포들이 바로 우리가 시급히 돕고 사랑해야 할 이웃들입니다.

저는 지난 주간에 10년 동안 탈북자들과 북한 내 지하교회 성도들을 위한 선교를 해오신 선교사와 두 시간 동안 대화를 나눈 적이 있습니다. 선교사로부터 중국 내 탈북자들이 얼마나 비참한 생활을 하는지 그 실상을 듣고 마음이 너무 아팠습니다. 어린 청소년들이 굶어 죽어가는 가족들의 식량을 마련하기 위해 목숨을 걸고 국경을 넘어온다고 합니다. 또는 일가족이 함께 넘어 오기도 한답니다. 그런데 넘어와도 감시가 심해 중국 땅에 정착하여 살기가 쉽지 않다고 합니다. 한 달에 400명 이상 붙잡혀서 북한에 강제 송환되는데, 끌려갈 때 도망가지 못하도록 손바닥에 구멍을 뚫어 철사줄로 여러 사람을 함께 묶거나 코에 구멍을 뚫어 묶는다고 합니다. 더 심한 경우는 가슴의 뼈에 구멍을 뚫어 굴비를 엮듯이 사람들을 함께 묶어 끌고 간다고 합니다. 도대체 세상에 이렇게 억울하고 비참한 경우가 어디 있습니까? 이들이 북한으로 끌려가서는 모진 고문을 받기도 하고 정치범수용소에 갇힌다고 합니다.

그런데 탈북자들에게 1,000불이 있으면 중국 공민증을 사서 합법적으로 중국 땅에 거주할 수 있다고 합니다. 그래서 그 선교사는 여러 사람을 도와주었고 지금도 돕고 있다고 합니다. 저는 늘 '어떻게 탈북자들을 도울 수 있을까' 기도하며 생각해 왔는데 신실하게 사역하고 있는 선교사를 만나게 되어 하나님께 참 감사했습니다. 그런 사람이 있으면 우리가 돕고 싶다고 했더니, 지금 자신이 보호하고 있는 모녀가 있는데 원하면 한국에 돌아가 바로 인적사항을 알려주겠다고 했습니다. 이 분들은 복음을 받아들여 열심히 신앙생활을 하고 있는데 신분 때문에 몹시 불안정한 생활을 하고 있는 상태라고 합니다.

잠언 24장 11-12절입니다. "너는 사망으로 끌려가는 자를 건져 주며 살륙을 당하게 된 자를 구원하지 아니하려고 하지 말라. 네가 말하기를 나는 그것을 알지 못하였노라 할지라도 마음을 저울질 하시는 이가 어찌 통찰하지 못하시겠으며 네 영혼을 지키시는 이가 어찌 알지 못하시겠느냐 그가 각 사람의 행위대로 보응하시리라."

하나님이 기뻐하시는 일만 선택하라

인생은 선택입니다. 우리는 날마다 많은 선택을 하며 살아가고 있습니다. 그러나 그 선택은 언제나 똑같은 선택입니다. 하나님을 기쁘시게 하는 일을 할 것인가, 아니면 나의 육체를 기쁘게 하는 일을 할 것인가의 선택입니다.

교회도 마찬가지입니다. 우리 교회를 어떤 교회로 만들 것인가는 바로 우리들의 선택에 달려 있습니다. 세상에는 하나님이 기뻐하시는 일만 행하는 교회가 있고, 인간들이 기뻐하는 일만 행하는 교회가 있습니다. 우리는 하나님이 기뻐하시는 일, 즉 세계선교와 전도와 구제와 봉사에 힘씀으로 하나님이 함께 하시는 교회로 만들어야 하겠습니다. 날마다 올바른 선택을 하여 개인적으로나 교회적으로 임마누엘의 복을 누리는 성도 여러분이 되시기를 예수님의 이름으로 축복합니다.

하늘 아버지의 마음

2009년 3월 20일 초판 발행
지 은 이 · 서창권
발 행 인 · 김수곤
발 행 처 · 선교햇불
등 록 일 · 1999년 9월 21일 제54호
등록주소 · 서울시 송파구 삼전동 103번지
전　　화 · 02-2203-2739
팩　　스 · 02-2203-2738
E-mail · ccm2you@gmail.com
Hompage · www.ccm2u.com

총 판 · 선교햇불

ⓒ선교햇불
이 출판물은 저작권법의 보호를 받는 저작물이므로 무단복제를 금합니다.